CATALOGUE
DES LIVRES

DE THÉOLOGIE, DE LITTÉRATURE ANCIENNE

GRECQUE ET LATINE

DE PHILOLOGIE ET D'HISTOIRE

COMPOSANT LA BIBLIOTHÈQUE

DE FEU M. N.-M.-S. SÉGUIER

MARQUIS DE SAINT-BRISSON

Officier de la Légion d'honneur, ancien Préfet, Membre libre
de l'Académie des Inscriptions et Belles-Lettres de l'Institut de France
de l'Académie de Dijon, et autres Sociétés savantes

*La vente aura lieu le lundi 6 novembre 1854 et les jours suivants
à sept heures du soir*

RUE DES BONS-ENFANTS, 28, MAISON SILVESTRE

Par le ministère de M⁰ HAYAUX DU TILLY, commissaire-priseur
rue du Bac, 26, et rue de l'Université, 46

PARIS
CHEZ H. LABITTE, LIBRAIRE
QUAI MALAQUAIS, 5

1854

CATALOGUE
DES LIVRES

DE THÉOLOGIE, DE LITTÉRATURE ANCIENNE

GRECQUE ET LATINE

DE PHILOLOGIE ET D'HISTOIRE

COMPOSANT LA BIBLIOTHÈQUE

DE FEU M. N.-M.-S. SÉGUIER

MARQUIS DE SAINT-BRISSON

Officier de la Légion d'honneur, ancien Préfet, Membre libre
de l'Académie des Inscriptions et Belles-Lettres de l'Institut de France
de l'Académie de Dijon, et autres Sociétés savantes

*La vente aura lieu le lundi 6 novembre 1854 et les jours suivants
à sept heures du soir*

RUE DES BONS-ENFANTS, 28, MAISON SILVESTRE

Par le ministère de Mᵉ HAYAUX DU TILLY, commissaire-priseur
rue du Bac, 26, et rue de l'Université, 46

PARIS
CHEZ H. LABITTE, LIBRAIRE
QUAI MALAQUAIS, 5

1854

NOTICE BIOGRAPHIQUE

SUR

M. SÉGUIER

MARQUIS DE SAINT-BRISSON

SÉGUIER (Nicolas-Maximilien-Sidoine), marquis de Saint-Brisson, né à Beauvais en 1773, était fils posthume de Charles Séguier, marquis de Saint-Brisson, capitaine au régiment de Limousin.

Il fut élevé avec le plus grand soin par sa mère, jusqu'au moment où la tourmente révolutionnaire le força d'émigrer pour sauver sa tête. Il entra aussitôt, malgré son jeune âge, dans l'armée de Condé, et ne la quitta que lorsqu'elle fut licenciée.

Le désir d'achever ses études interrompues le mena à Leyde; c'est à partir de ce moment que les leçons des savants professeurs de cette université firent naître chez lui un goût très-prononcé pour l'étude des langues anciennes: celle du grec surtout eut pour lui un attrait particulier.

De retour en France sous le Directoire, il entra dans l'arme du génie, bien plus pour échapper aux proscriptions de l'époque que par goût pour l'état militaire; aussi le vit-on bientôt entreprendre un voyage en Allemagne, en Pologne et en Russie. En 1801, il se trouva à Saint-Pétersbourg, où il reçut de l'empereur Alexandre l'accueil le plus distingué.

Il revint en France en 1802, se maria et se livra à ses études favorites jusqu'en 1814, où il fut appelé à la préfecture du Calvados.

Successivement nommé préfet de la Somme en 1815, de la Meurthe en 1816, de la Côte-d'Or en 1821, de l'Orne en 1823, de la Nièvre en 1830, il quitta la carrière administrative à la révolution de Juillet, se retira à la campagne et se consacra tout entier à ses goûts scientifiques.

Les services qu'il rendit au gouvernement de la branche

aînée des Bourbons et l'énergie qu'il déploya à Nancy dans l'année si désastreuse de 1817, lui valurent la croix de chevalier de la Légion d'honneur en 1818, puis celle d'officier en 1830.

Il fut nommé membre de l'Académie des Inscriptions et Belles-Lettres de France en remplacement du baron Cuvier en 1832. Il faisait déjà partie de l'Académie des Sciences, Arts et Belles-Lettres de Dijon, de la Société des Antiquaires et de la Société Linnéenne de Normandie.

Son érudition était aussi profonde que variée : il n'avait pas borné seulement ses études à la connaissance des langues mortes ; la plupart des langues vivantes de l'Europe lui étaient familières.

Sa piété était aussi tolérante qu'éclairée ; il savait allier les devoirs du monde à ceux de la religion qu'il pratiquait d'une manière exemplaire. Il vit approcher sa fin avec le calme et la résignation du philosophe chrétien ; ses derniers instants couronnèrent dignement une vie pure et bien remplie. Il fut enlevé à sa famille le 22 mai 1854.

Au nombre des ouvrages qu'il a laissés, on doit citer en première ligne :

1° La préparation évangélique d'Eusèbe, traduite du grec. *Paris*, 1846, 2 vol. in-8.

2° La philosophie du langage exposée d'après Aristote. *Paris*, 1838, in-8.

3° De l'emploi des conjonctions dans la langue grecque. *Paris*, 1814, in-8.

4° Examen des neuf livres de Sanchoniathon. 11 pages in-8.

5° Dissertation sur l'authenticité des fragments de l'histoire phénicienne de Sanchoniathon. 80 pages in-8.

6° Observations sur deux inscriptions grecques découvertes récemment en Asie. 12 pages extraites du *Journal asiatique*.

7° Dissertation sur le fragment de Longin contenu dans la rhétorique d'Apsiné. *Paris*, 1838, 28 pages in-8.

8° Notice sur un ms. grec de la bibliothèque royale. 1840, 72 pages in-4 (extrait des notices des manuscrits de la bibliothèque royale).

9° Essai sur le Polythéisme. *Paris*, Hachette, 1840, 2 vol. in-12.

10° Mémoire sur Miltiade et les auteurs de sa race. *Impr. roy.*, 1841. 80 pages in-4.

TABLE
DES
DIVISIONS DU CATALOGUE.

THÉOLOGIE.

Écriture sainte.................................... Numéro 1
Liturgie des Églises romaine et grecque........... 34
Saints Pères....................................... 44
Théologiens.. 117

JURISPRUDENCE................................... 144

SCIENCES ET ARTS.

Morale et philosophie.
    Philosophes et moralistes anciens............... 164
    Philosophes et moralistes modernes.............. 229
Politique. — Économie politique................... 246
Histoire naturelle — Agriculture. — Physique. —
    Médecine....................................... 253
Mathématiques. — Astronomie. — Art militaire.... 286
Beaux-Arts. — Arts et métiers. — Jeux, etc........ 298

BELLES-LETTRES.

LINGUISTIQUE.

Traités sur la formation des langues............. 306
Langue grecque................................... 310
Langues latine, française, etc................... 379

RHÉTORIQUE.

Rhéteurs... 402
Orateurs... 423

POÉSIE.

Traités sur la poétique.......................... 449
Poëtes grecs..................................... 464

DIVISIONS DU CATALOGUE.

Poëtes latins.. 543
Poëtes latins modernes............................... 607
Poëtes dramatiques, grecs et latins............... 622

Fables et Romans... 665

Philologie.

Philologues anciens..................................... 678
Philologues modernes................................ 685
Satires, sentences, proverbes, etc.............. 741

Épistolaires.. 755

Polygraphie.

Polygraphes anciens et modernes.............. 782
Mélanges.. 814

HISTOIRE.

Introduction. — Géographie. — Voyages........ 819
Chronologie. — Histoire universelle............... 848
Histoire des religions.................................. 861
Religions anciennes (Mythologie)................. 877

Histoire ancienne.

Histoire des Juifs, des Égyptiens, etc........... 901
Histoire grecque... 917
Histoire romaine... 952
Histoire byzantine.. 992

Histoire moderne.. 1018

Archéologie... 1046

Histoire littéraire — Sociétés savantes. — Diplomatique.. 1121

Biographie... 1149

Bibliographie... 1167

Extraits historiques....................................... 1188

ORDRE DES VACATIONS.

1re vacation, lundi 6 novembre 1854.

Philologie............... Numéros	678 à	700
Jurisprudence. — Philosophie............	144 —	200
Histoire naturelle, Agriculture, etc........	253 —	305
Histoire ecclésiastique...................	865 —	876
— —	861 —	864

2e vacation, mardi 7.

Géographie et Voyages................	819 —	847
Philologie...........................	701 —	740
Fables et Romans....................	665 —	677
Rhétorique. — Orateurs...............	402 —	448
Mythologie..........................	877 —	900

3e vacation, mercredi 8.

Théologie...........................	1 —	43
Philosophie.........................	201 —	252
Chronologie. — Histoire universelle......	848 —	860
Bibliographie.......................	1172 —	1191
—	1167 —	1171

4e vacation, jeudi 9.

Histoire moderne.....................	1018 —	1045
Archéologie.........................	1046 —	1120
Linguistique........................	306 —	358

5e vacation, vendredi 10.

Linguistique........................	359 —	401
Poëtes grecs........................	449 —	470
Épistolaires........................	755 —	781
Polygraphes........................	782 —	818

6e vacation, samedi 11.

Philologie..........................	741 —	754
Histoire ancienne....................	901 —	916
Poëtes grecs........................	471 —	520
Histoire littéraire...................	1121 —	1148
Théologie (Saints Pères)..............	44 —	65

ORDRE DES VACATIONS.

7ᵉ vacation, lundi 13.

Biographie	1149 —	1166
Poëtes grecs et latins	521 —	580
Théologie (Saints Pères)	90 —	116
— —	66 —	89

8ᵉ vacation, mardi 14.

Poëtes latins	581 —	621
Théâtre grec et latin	622 —	637
Histoire grecque	917 —	951
— byzantine	992 —	1017

9ᵉ vacation, mercredi 15.

Théâtre grec et latin	638 —	664
Histoire romaine	952 —	991
Théologie	126 —	143
—	117 —	125

10ᵉ vacation, jeudi 16.

Les livres non catalogués seront vendus dans cette vacation.

———

Il y aura chaque jour, de DEUX heures à TROIS, exposition de la vacation du soir.

Les livres vendus devront être collationnés sur place, dans les 24 heures de l'adjudication. Passé ce délai, ou une fois sortis de la salle de vente, ils ne seront repris pour aucune cause.

Les articles au-dessous de 12 fr. ne seront admis à rapport que dans le cas où ils seraient incomplets par enlèvement de feuillets ou de portion de feuillet emportant du texte ; ils ne seront pas repris pour taches, mouillures, déchirures, piqûres ou autres défectuosités.

Les adjudicataires paieront, en sus des enchères, cinq centimes par franc, applicables aux frais.

CATALOGUE

DE LA BIBLIOTHÈQUE

DE FEU M. LE Mis SÉGUIER DE SAINT-BRISSON

THÉOLOGIE.

Écriture sainte.

1. Biblia græca (curâ Andreæ Asulani). *Veneliis, in œdibus Aldi,* 1518, in-fol., cartonné.
Première édition de la Bible en langue grecque.
2. Vetus testamentum græcum, juxtà septuag. interpr. (studio cardinalis Ant. Caraffæ). *Romæ, Zanetti,* 1587, in-fol., v. rac. fil. tr. d.
3. Vetus Testamentum, ex versione septuaginta interpretum, summa cura edidit Lambertus Bos. *Franequeræ,* 1709, 2 vol. in-4, v.
4. Bibliorum pars græca, quæ hebraïce non invenitur. *Antuerpiæ,* 1584, in-4, v.
5. Biblia sacra latina. *Parisiis, ex officina R. Stephani,* 1532, gr. in fol. v.
6. La Sainte Bible, en latin et en français, avec des explications du sens littéral et du sens spirituel (par Le Maistre de Sacy et l'abbé Lebrun.) *Paris,* 1682-1700, 32 vol. in-8, v. fil. tr. d.
7. Novum J. Christi testamentum. gr. *Lutetiæ, ex officina R. Stephani,* 1550, in-fol. v. br. dent.
Dans le même vol. — S. Justini opera, gr., *R Stephanus,* 1551, in-fol.

THÉOLOGIE.

8. Testamentum novum, gr., cum Theod. Bezæ latinâ interpretatione. *Genevæ,* 1588, in-fol. d.-rel.
9. Novum testamentum græcum. *Parisiis, Typogr. Regia,* 1642, grand in-fol., maroq. rouge.
10. Novum testamentum, gr. ex recensione Griesbachii. *Lips.,* 1805, 2 tomes en 1 vol. in-8. v. fil.
11. Livre intitulé Anagnosticon, ou recueil de lectures en langue grecque, extraites de la Bible pour les fêtes des saints de chaque jour de l'année. *Venise,* 1596, in-4, v. fil.
12. Abrah. Trommii Concordantiæ græcæ versionis vulgò dictæ : Septuag. interpretum. *Amstelod.,* 1718, 2 vol. in-fol. v. m.
13. Psalmorum Davidis paraphrasis poëtica, autore Buchanano. *Apud Henricum Stephanum, s. a.* in-8, v.
14. Ant. Flaminii in librum Psalmorum brevis explanatio. *Lugd., apud Rovillium,* 1576, pet. in-12, maroq. rouge. Anc. rel.
15. Syriaca paraphrasis libelli Ruth, cum latinâ interpretatione. *Parisiis, R. Stephanus,* 1564, in-4, br. n. r. 31 p.
16. Procopii Gazæi in libros Regum scholia, gr. et lat., edidit Jo. Meursius. *Lugd. Batav., Elzevir,* 1620. = Antigonus Carystius, gr. et lat. recensuit et notas addidit Meursius. *Lugd. Batav., Elzev.,* 1619. in-4, parch.
17. Vossii de Septuag. interpretibus eorumque translatione et chronologia dissertationes. *Hagæ-Comitum,* 1661, in-4, v.
18. Antonii van Dale dissertatio super Aristea de septuag. interpretibus. *Amstelod.,* 1705, pet. in-4, v.
19. Novus thesaurus philologico-criticus, sive lexicon in LXX et reliquos interpretes græcos ac scriptores apocryphos Veteris Testamenti, edidit Jo. Fr. Schleusner. *Lipsiæ,* 1820, 5 vol. in-8, d. v. ant. *Thouvenin.*
20. Samuelis Bocharti opera omnia. *Lugd. Batav.,* 1692, 3 v. in-fol. v. br.

THÉOLOGIE.

21. Dissertations importantes et curieuses sur plusieurs questions qui n'ont point été traitées dans le commentaire littéral sur tous les livres de l'ancien et du nouveau Testament, par dom Calmet. *Paris*, 1720, in-4, v.
22. Isaiah, a new translation, by R. Lowth. *London*, 1778, in-4, v.
23. L'Esprit de l'Apocalypse, par Fr. de Bovet. *Paris*, 1840, in-8, br.
24. Livre intitulé Trésor, ou recueil de discours sur divers sujets tirés du nouveau Testament, de la Vie des Saints, etc., en grec moderne. *Venise*, 1603, in-4, v. fil.
25. Concordantiæ græco-latinæ novi Testamenti. *Genevæ*, 1624, in-fol., v. br.
26. J. Capelli observationes in novum testamentum. *Amstel., Elzevir*, 1657. = Arcanum punctionis revelatum, edidit Erpenius. *Lugd. Batav.*, 1624. = Codex Talmudicus, in quo agitur de sacrificiis. *Lond.*, 1648. = Petri et Johannis epistolæ, hebr., gr. et lat., studio Ed. Pococke. *Lugd. Batav., Elzevir*, 1630, 4 parties en 1 vol. pet. in-4, v. fil. tr. d.
27. Jo. Christoph. Wolfii curæ philol. et criticæ in novum Testamentum. *Hamburgi*, 1737-41, 5 vol. in-4, d.-rel.
28. Novum lexicon græco-latinum in novum Testamentum; notis philologicis illustravit Fr. Schleusner. *Lipsiæ*, 1819, 2 tomes en 4 vol. in-8, d. v. bl. Thouvenin.
29. Nonni Panapolitani græcæ paraphrasis S. Evangelii secundum Joannem, gr. et lat. *Lugd. Batav.*, 1589, in-8, bas. — Danielis Heinsii Aristarchus sacer, sive ad Nonni in Joannem metaphrasin exercitationes. *Lugd. Batav.*, 1627, in-8, v.
30. Theophylacti, Bulgariæ archiep., in Pauli epistolas commentarii, gr. et lat., studio et curâ Aug. Lindselli. *Londini*, 1636, in-fol. v. br.

THÉOLOGIE.

Liturgies des églises romaine et grecque.

31. Anthologium, ou recueil de prières en grec, à l'usage de l'église romaine. *Rome*, 1598, in-8, v. fil.

32. Liturgiæ, sive missæ SS. Patrum Jacobi Apostoli, Basilii Magni, J. Chrysostomi, etc., gr. et lat. *Parisiis, apud G. Morelium,* 1560, in-fol., v. fil.

33. Horæ in laudem beatissimæ Virginis, secundùm consuetudinem romanæ curiæ; gr. « *caractères rouges et noirs.* » *Parisiis*, 1538, in-12, maroq. rouge. Ancienne reliure.

34. Leonis Allatii de libris ecclesiasticis Græcorum, dissertationes duæ. *Parisiis*, 1644, in-4, d.-rel.
    Ouvrage indispensable pour l'étude de la liturgie de l'Église grecque.

35. Leo Allatius. De templis Græcorum recentioribus; de narthece ecclesiæ veteris..., etc. *Coloniæ Agrippinæ*, 1645, in-8, parch. — Philo Byzantius. De septem orbis spectaculis opusculum, gr., cum notis Leonis Allatii. *Romæ*, 1640, in-8, vélin.

36. Menæa, sive Menologia Græcorum (gr.)... Ouvrages de liturgie à l'usage de l'église grecque, pour chaque mois de l'année, savoir : Kalendarium Græcorum, de janvier à décembre. *Venise, Zanetti,* 1595, 12 tomes en 5 vol. — Anthologium totius anni, 1 vol. — Evangelia et Pentecostarium, 2 tomes en 1 vol. — Paracletice, 1 vol. — Typicum, 1 vol. — Triodium, 1 vol. — *Venise, Ant. Pinelli,* 1603 et années suivantes. En tout 18 tomes en 10 vol. pet. in-fol. v. fil.
    Exemplaire très-bien conservé d'une collection qui est extrêmement rare.

37. Liturgia S. Joannis Chrysostomi, S. Basilii.... gr., edidit Demetrius Ducas. *Romæ*, 1526, pet. in-4, v. fil.

38. Liturgia divina S. Chrysostomi, S. Basilii, etc., gr. *Venetiis,* 1601, pet. in-4, v.

39. Horologium. Livre d'heures en grec, 1535, pet. in-8. Reliure en bois.
40. Horologium (livre d'heures en grec), 1607, pet. in-12, v. tr. dor. *fig. sur bois.*
41. Euchologium ; livre de prières en langue grecque. *Venise,* 1602, in-4, v. fil.
42. Apostolos.... Recueil liturgique extrait des Actes des Apôtres. *Venise,* 1602, pet. in-4, v. fil.
43. Apostolorum et SS. conciliorum decreta. gr. *Parisiis,* 1540. — Constitutiones SS. apostolorum. gr. *Veneliis,* 1563. in-4, parch.

Saints Pères.

44. Patrum græcorum opera; gr. et lat. (Saint Justin, Athénagore, saint Clément d'Alexandrie et Origène.) *Wirceburgi,* 1777-88, 18 vol. in-8, bas.
45. Bibliotheca veterum Patrum, seu scriptorum ecclesiasticorum tomi græco-latini, per Marg. de la Bigne. *Parisiis,* 1624, 4 vol. in-fol. v.
46. Bibliothecæ Patrum novum auctarium, gr. et lat. (S. Asterii aliorùmque Patrum orationes et homiliæ) studio Francisci Combefis. *Parisiis,* 1648, 2 vol. in-fol. v. br. — Auctarium novissimum, gr. et lat., notis illustr. Combefis. 1672, 2 part. en 1 vol. in-fol. v. br.
47. Ecclesiæ græcæ monumenta, gr. et lat., J. Bapt. Cotelerius è Mss. codicibus produxit in lucem et notis illustravit. *Lutetiæ,* 1677-86, 3 vol. in-4, v.
48. Jo. C. Suiceri Thesaurus ecclesiasticus è Patribus græcis ordine alphabetico concinnatus. *Amstelod.,* 1728, 2 vol. in-fol., vélin cordé.
49. Jac. Sirmondi opera varia. *Parisiis, Typographia Regia,* 1696, 5 vol. in-fol. v. m. fil, gr. pap. *Aux armes de France.*

THÉOLOGIE.

50. Anecdota græca quæ ex Mss. codicibus nunc primum eruit Lud. Muratorius, *Patavii*, 1709, in-4, v. br.

51. Spicilegium sanctorum Patrum seculi post Christum natum I et II, gr. et lat., notis illustravit J. E. Grabius. *Oxoniæ*, 1714, 2 vol. in-8, v.

52. Expositiones antiquæ, ex diversis sanctorum Patrum commentariis collectæ. gr. *Veronæ, apud fratres Sabios*, 1532, in-fol., v. br.

53. Joh. Laur. Isenbiehl Chrestomathia patristica græca. *Moguntiæ*, 1774, in-8, br.

54. Philonis Judæi opera græca. *Parisiis, Typographia Regia*, 1552, in-fol. v.
Avec la signature : Jacobi Josephi Duguet.

55. Philonis Judæi opera, gr. et lat. *Lutetiæ*, 1640, in-fol., v. br.

56. Philonis Judæi opera omnia. *Lipsiæ*, 1828, 8 vol. in-12, d.-rel. v. f.

57. Kristische geschichte des Urchristenthums. — — Philo und die Jüdisch-Alexandrinische theosophie, durch A. F. Gfrorer. *Stuttgard*, 1835, 2 vol. in-8, d.-rel.

58. S. Barnabæ epistola catholica ab antiquis olim ecclesiæ Patribus, sub ejusdem nomine laudata, gr. et lat. *Parisiis*, 1645, in-4, parch.

59. Sancti Ignatii martyris epistolæ genuinæ, gr. et lat., edidit et notas addidit Is. Vossius. *Londini*, 1680, pet. in-4, v. br. — Vindiciæ epistolarum S. Ignatii, autore J. Pearson. *Cantabr.*, 1672, in-4, v.

60. Sancti Justini Apologiæ pro christianis. gr. et lat., annotationes adjecit Car. Ashton. *Cantabr.*, 1768, in-8, v.

61. S. Theophili, episcopi Antioch., libri tres, gr. et lat.; notis instruxit Ch. Wolfius. *Hamburgi*, 1724, pet. in-8, v. fauve.

62. Dissertationes in Irenæum, autore Dodwello. *Oxoniæ*, 1689, in-8, v. m.

THÉOLOGIE.

63. S. Clementis Alexandrini opera, gr. et lat., recognita et illustrata per J. Potterum. *Venetiis*, 1757, 2 vol. in-fol., bas.
   Avec beaucoup de notes de la main de M. Seguier.

64. Origenis opera, gr. et lat., studio Caroli Delarue. *Parisiis, Vincent*, 1733, 4 vol. in-fol., v.
   Le tome troisième a souffert de l'humidité.

65. Origenis in Sacras Scripturas commentaria, observationibus illustravit P. D. Huetius. *Coloniæ*, 1685, 2 vol. in-fol. v. br.
   Le titre du tome premier est refait à la plume.

66. Origenis contrà Celsum libri octo; gr. et lat., notas adjecit G. Spencer. *Cantabr.*, 1658, in-4. v.

67. Eusebii Præparatio et Demonstratio evangelica, gr. *Lutetiæ, R. Stephanus*, 1544-45, 2 tomes en 1 vol. in-fol., d.-rel.

68. Eusebii Præparatio evangelica, gr. *Lutetiæ, R. Stephanus*, 1545, in-fol. d.-rel.
   Avec une grande quantité de notes de la main de M. Séguier.

69. Eusebii Pamphili Evangelicæ demonstrationis libri decem., gr. *Lutetiæ, R. Stephanus*, 1545, in-fol. cart.

70. Eusebii Pamphili Præparatio evangelica, gr. et lat., notis illustravit Franc. Vigerus. *Parisiis*, 1628, in-fol. cartonné.
   Exemplaire dont les marges sont couvertes des notes de M. Séguier.

71. La Préparation évangélique, traduite du grec d'Eusèbe, par M. Seguier de Saint-Brisson. *Paris*, 1846, 2 vol. in-8 br.

72. S. Basilii opera, gr. et lat., opera et studio Juliani Garnier. *Parisiis*, 1721, 2 vol. in-fol., v.

73. B. Macarii Aegyptii homiliæ quinquaginta, gr. *Parisiis, apud G. Morelium*, 1559, pet. in-8, vélin, tr. d.

74. S. Cyrilli, archiep. Hierosol., opera omnia, gr. et

THÉOLOGIE.

lat., curà et studio Ant. Aug. Touttée. *Parisiis*, 1720, in-fol. v.

75. Gregorii Nazianzeni opera, gr. *Basileœ, s. a.*, in-fol. bas. fleurdelisée.

76. Gregorii Nazianzeni opuscula, gr. et lat. *Parisiis*, 1575, in-8, v., — Philonis Judæi opuscula tria., gr. *Francof.*, 1587, in-8, parch.

77. S. Gregorii Nazianzeni in Julianum invectivæ duæ, gr., *Etonœ*, 1610, in-4. parch.

78. Sermons de saint Grégoire de Nazianze (traduits par de Bellegarde). *Paris*, 1693, 2 vol. in-8, v. br.

79. Theoduli monachi laudatio Gregorii Nazianzeni, gr. et lat. *Upsalœ*, 1693, pet. in-4. v.

80. S. Epiphanii opera omnia, gr. et lat., animadv. illustravit D. Petavius. *Coloniœ*, 1682, 2 vol. in-fol. bas.

81. S. Joannis Chrysostomi opera, gr., edidit H. Savilius. *Etonœ* 1612, 8 vol. in-fol. v. br.

82. Sancti Johannis Chrysostomi sermones tres in Genesin, gr. et lat. *Parisiis, Morellus*, 1594. — Cyrilli enarratio cur Christus dicatur sol Justitiæ. *Lutetiœ, Morellus*, 1593 ... et autres pièces imprimées par Frédéric Morel.

83. S. Joannis Chrysostomi liber qui appellatur Florilegia, gr. et lat., studio et opera Etzelii. *Moguntiœ*, 1603, pet. in-4. parch.

84. Lettres de saint Jean Chrysostôme, traduites par Duranty de Bonrecueil. *Paris*, 1732, 2 vol. in-8., bas.

85. Vie de saint Jean Chrysostôme, par Ménart (God. Hermant). *Paris*, 1669, 2 vol. in-8. v. br.

86. Synesii opera, gr. et lat., notis illustravit D. Petavius. *Lutetiœ*, 1612, in-fol.; v. br.

87. Palladii, episcopi Helenop., de Vitâ S. Jo. Chrysostomi dialogus. gr. et lat., curâ et studio Em. Bigotii. *Lutetiœ*, 1680, in-4, v. br.

THÉOLOGIE.

88. Theodoreti episc. opera omnia, gr. et lat., curâ et studio Jac. Sirmondi. *Lutetiæ*, 1642, 4 vol. — Auctarium, sive operum tomus quintus, gr. et lat., curâ et studio Jo. Garnerii, *Lutetiæ*, 1684, 1 vol. — En tout 5 vol. in-fol. v. br.

89. Theodoreti, episcopi Cyri, opera; ex recensione Jac. Sirmondi, gr. et lat., denuò recensuit Lud. Schultze. *Halæ*, 1769, 5 tomes en 10 vol. gr. in-8. v. fauve.

90. Theodoreti græcarum affectionum curatio, seu evangel. veritatis ex græcâ philosophiâ agnitio, gr. et lat. *Ex typogr. H. Commelini*, 1592, in-fol., parch.

91. Theodoreti dialogus tertius., gr. et lat. *Tiguri*, 1594, pet. in-8, bas.

92. Theodoreti de Providentiâ orationes x, gr. *Parisiis, apud Morellum*, 1625, in-12, v.

93. De la Providence et de la charité, trad. de Théodoret, par l'abbé Le Mère. *Paris*, 1740, in-8, v.

94. S. Isidori Pelusiotæ epistolarum libri v. gr. et lat. *Parisiis*, 1638, in-fol., v.

95. S. Joannis Climaci opera, gr. et lat., *Lutetiæ* 1633, in-fol., v. br.

96. S. Joannis Damasceni opera omnia, gr. et lat., studio Michaëlis Lequien. *Parisiis*, 1712, 2 vol. gr. in-fol., v.

97. Theophylacti, Bulgar. archiep., enarrationes in quatuor evangelia, gr. *Romæ (Ant. Bladus)*, 1542, in-fol. v. br.
   Première édition.

98. Minutii Felicis Octavius, cùm notis Nic. Rigaltii, *Lutetiæ*, 1643, pet. in-4, d.-rel.

99. Tertulliani liber de Pallio, recensuit Salmasius. *Lugd. Batav.*, 1656, in-8. bas.

100. S. Cypriani opera, recognita à J. Fello. *Amstelod.*, 1700, in-fol. v.

THÉOLOGIE.

101. Arnobii disputationum adversus gentes libri octo. *Romæ*, 1542, in-fol. v. br. fil.

Première édition; dans le même volume se trouve : Lactantius, *Basileæ*, 1563, in-fol.

102. Arnobii adversus gentes libri septem. *Lugd. Batav.*, 1651, pet. in-4, bas.

103. Lactantii opera et Tertulliani Apologeticus. *Venetiis*, 1494. = Gentium et familiarum romanarum Stemmata, autore R. Strennio. *Excud. H. Stephanus*, 1559, in-fol. v.

104. Lactantii Firmiani opera. *Venetiis, Aldus*, 1515, pet. in-8, cart.

105. Lactantii opera omnia, recensuit G. Walchius. *Lips.*, 1715, pet. in-8, v.

106. Lactantii liber de Persecutione, sive de mortibus persecutorum, accesserunt Steph. Baluzii notæ. *Parisiis, Muguet*, 1679, in-8, maroq. r. Ancienne reliure.

107. S. Optati Afri Milevitani episcopi, de schismate donatistarum libri septem, opera et studio Ludovici Ellies Du Pin. *Lutetiæ*, 1700, in-fol. v.

108. Lettres de saint Jérôme, traduites par Dom G. Roussel. *Paris*, 1704, 3 vol. in-8, v. fauve.

109. Appendix Augustiniana, in omnia S. Augustini opera tomus duodecimus. *Autuerpiæ*, 1703, in-fol. v.

110. Sermons de saint Augustin (trad. par Ant. Arnauld). *Paris, Barrois*, 1739, 14 vol. in-12, v. fauve. — Les six livres de saint Augustin contre Julien (traduits par l'abbé de Vence). P. 1736, 2 vol. in-12, v.

111. De saint Augustin : Les Confessions, en latin et en français (par Dom Jac. Martin). *Paris*, 1741, 2 vol in-8, v. — La Cité de Dieu (trad. par Lombert). *Paris*, 1675, 2 vol. in-8, v. — Les livres de l'Ordre et du Libre Arbitre (trad. par Dubois). *Paris*, 1701, in-8, v.

112. De saint Augustin : Les Confessions, trad. par

Dubois. *Paris*, 1737, in-8. — De la véritable religion, trad. par le même. 1690, in-8. — De la doctrine chrétienne, par le même. 1701, in-8. — Les lettres, trad. par Dubois. *Paris*, 1684, tomes 2 à 6. —Les livres de l'Ordre et du Libre Arbitre, traduits par le même. 1701. — En tout, 9 vol. in-8, v.

113. Observationes in Prosperi Aquit. chronicon integrum, et in anonymi Cyclum, à Muratorio editum. *Amstel.*, 1733, in-4, v. fauve.

114. S. Bernardi opera, notis illustrata à Johanne Mabillon. *Parisiis*, 1690, 2 vol. in-fol., v. br.

115. Salviani opera, cum Baluzii et aliorum notis. *Bremæ*, 1688, in-4, v. gr. fil. tr. d. *rel. angl.*

116. S. Aviti, archiep. viennensis, opera; curà et studio J. Sirmondi. *Parisiis*, 1643, in-8, parch.

Théologiens.

117. Jo. Vossii tractatus theologicus. *Amstelod.*, 1701, in-fol. vélin cordé.

118. Alberti Magni, Ratisb. episcopi, opera, recognita per Petrum Jammy. *Lugduni*, 1651, tomes 2 à 18 et le 20ᵉ. — 18 vol. in-fol. v. br.
Les tomes 1 et 19 manquent.

119. Jo. Gretseri de cruce Christi tomus secundus, in quo varia græcorum autorum monumenta græcolatina de S. cruce continentur. *Ingoldstad*, 1600, pet. in-4, parch. — Ejusdem variorum pontificum epistolæ. 1613-16, 2 vol. pet. in-4, parch.

120. De imitatione Christi libri IV, ex recens. J. Valart. *Parisiis, Barbou*, 1758, in-12, maroq. vert, dent.

121. Exposé de la doctrine chrétienne en esclavon. *Rome*, 1583. = Dottrina christiana par la natione illirica, nella propria lingua. *Roma*, 1582. = 2 part. en 1 vol. in-8, v. fil.

122. Six livres du second advènement de Nostre Seigneur ; avec un traicté de saint Basile du jugement de Dieu propre pour concevoir une salutaire crainte, qui sert comme de préface ; par Jacques de Billy. *Paris, J. Chaudière,* 1576, pet. in-8, parch.

123. Antoine Arnaud. De la fréquente communion. *Lyon,* 1739, in-8, v. = De la pénitence. 1704, in-8, v. = Vie d'Antoine Arnauld. *Lausanne,* 1783, 2 vol. in-8, v.

124. Essais de morale et autres œuvres de Nicole. *Paris,* 1714-69, 23 vol. in-12, v. fauve, tr. d.

125. OEuvres de Bossuet, évêque de Meaux, revues sur les mss. originaux et les éditions les plus correctes (par l'abbé Hémey d'Auberive et l'abbé Caron). *Versailles, Lebel,* 1815-19, 43 vol. = Histoire de Bossuet, par le cardinal de Bausset. 4 vol. — En tout, 47 vol. in-8, veau gaufré, fil.

Exemplaire en papier vélin.

126. OEuvres de Fénélon. *Paris, Didot,* 1787, 9 vol. in-4, bas.

127. OEuvres de Fénélon, publiées d'après les mss. originaux et les éditions les plus correctes, avec un grand nombre de pièces inédites (par l'abbé Gosselin et l'abbé Caron). *Paris, Lebel,* 1820-24, 22 vol. = Correspondance de Fénélon (publiée par l'abbé Caron). *Paris, Ferra,* 1827-29, 11 vol. = Histoire de Fénélon, par le cardinal de Bausset. *Versailles, Lebel,* 1817, 4 vol. — En tout, 37 vol. in-8, br.

128. Dan. Huetii Demonstratio evangelica. *Amstelod.,* 1680, 2 vol. in-8, v. br.

129. Dissertations sur diverses matières de religion et de philologie, par Huet, évêque d'Avranches. *La Haye,* 1720, 2 vol. in-12, v.

130. Traité philosophique et théologique de l'Amour de Dieu, par L. Ellies Dupin. *Paris,* 1717, in-8, v.

131. Dissertation sur l'existence de Dieu, par Jaquelot. *La Haye,* 1697, in-4, v. fauve, fil.

132. Plan théologique du pythagorisme et du paganisme, pour servir d'éclaircissement aux ouvrages polémiques des Pères contre les payens, par Mourgues. *Toulouse*, 1712, 2 vol. in-8, v. br.

133. Pratiques de la perfection chrétienne, par Rodriguez, trad. par Régnier Desmarais. *Paris, Gaume*, 1846, 2 vol. gr. in-18, br.

134. Hugonis de sancto Victore methodus mystica. *Argentorati*, 1839. = Deux préfaces inédites d'Abailard. = Lettre inédite d'Abailard à Héloïse. — 3 br. in-8.

135. Essai sur l'indifférence en matière de religion, par M. de Lamennais. *Paris*, 1818-20, 2 vol. in-8, br.

136. Disputatio de mysticismo, autore Borger. *Hagæ Comitum*, 1820. = Ejusdem commentatio de fictis in historia orationibus. *Harlemi*, 1820. — 2 part. en 1 vol. in-8, dem.-rel.

137. Considérations sur les œuvres de Dieu dans le règne de la nature et de la providence, trad. de l'all. de Sturm. *Lausanne*, 1799, 3 vol. in-8, bas.

138. The divine legation of Moses demonstrated, by W. Warburton. *London*, 1742, 2 vol. in-8, v. br. = S. Clarke, on the Attributes of God. 1782, in-8, v. br.

139. The works of Samuel Clarke. *London*, 1738, 4 vol. in-fol., v. jas. fil.

140. Geschichtliche darstellung der Judisch-Alexandrinischen religions-philosophie, von Aug. F. Dahne. *Halle*, 1834, 2 tomes en 1 vol. in-8, d. v. f.

141. OEloim, ou les dieux de Moïse, par P. Lacour. *Bordeaux*, 1839, 2 vol. in-8, br.

142. Bened. de Spinoza adnotationes ad tractatum theologico-politicum, edidit Ch. de Murr. *Hagæ Comitum*, 1802. = Liber ignium ad comburendos hostes, autore Marco græco. *Parisiis*, 1804. — In-4, dem.-rel.

143. J. Fr. Buddei theses de Atheismo, variis observat. illustratæ, quibus suas annotationes adjecit Lulofs. *Lugd. Batav.*, 1767, pet. in-4, dem-rel.

JURISPRUDENCE.

144. Imperatorum Justiniani, Justini, Leonis novellæ constitutiones, gr. *Excudebat Henricus Stephanus*, 1558, in-fol. parch.

145. Institutes de Justinien, traduites et expliquées par Du Caurroy. *Paris*, 1832, 4 vol. in-8, cart.

146. N. Rigaltii glossarium de verborum significatione quæ ad novellas impp. qui in Oriente post Justinianum regnaverunt, de re militari constitutiones pertinent. *Lutetiæ*, 1601, pet. in-4, parch.

147. C. Labbœi observationes in Synopsim Basilicon. *Parisiis*, 1606. = Veteres glossæ verborum juris quæ in Basilicis reperiuntur, nunc primum eruit Labbœus. 1606. = Novellæ constitutiones græco-latinæ, restituit C. Labbœus. 1606. — 3 part. en 1 vol. pet. in-8, vélin.

148. Juris orientalis libri tres, gr. et lat., ab Bonefidio digesti. *Excud. Henr. Stephanus*, 1573, pet. in-8, v.

149. Brissonii de Formulis et solemnibus populi romani verbis, libri octo. *Parisiis*, 1583, in-fol., dem.-rel.

150. Des. Heraldi observationes ad jus atticum et romanum. *Parisiis*, 1650, in-fol. v. br.

151. Miscellæ defensiones pro Salmasio de variis observat. ad jus atticum et romanum pertinentibus. *Lugd. Batav.*, 1645, pet. in-8, vélin.

152. Jurisprudentia romana et attica, continens commentatores qui jus romanum et atticum illustrarunt. (Balduinus, S. Petitus et B. Chesius). *Lugd. Batav.*, 1738-41, 3 vol. in-fol., vél. cordé.

153. Spanhemii orbis romanus, seu ad constitutionem imper. Antonini, de qua Ulpianus leg. XXII Dig. De statu hominum, exercitationes duæ. *Londini*, 1703, pet. in-4, v.

154. Joannis Taylor commentarius ad legem decemviralem de inope debitore in partis dissecando. *Cantabr.*, 1742. — Et autres pièces en 1 vol. in-4, d.-rel.

155. Cl. Salmasii libri de Primatu papæ. *Lugd. Batav., Elzev.*, 1645, in-4, parch.

156. Fragmentum veteris jurisconsulti de juris speciebus et de manumissionibus quod servavit Dositheus magister... notas adjecit Matth. Rover. *Lugd. Batav.*, 1739, in-8, v.

157. Opuscula varia de latinate jurisconsultorum veterum; edidit et notas adjecit Dukerus. *Lugd. Batav.*, 1711, pet. in-8, vélin.

158. Beitrage zur kenntniss des Attischen Rechts, von E. Platner. *Marburg*, 1820, in-8, d.-rel. v.

159. Édouard La Boulaye. Essai sur les lois criminelles des Romains concernant la responsabilité des magistrats. *Paris*, 1845, in-8 br.

160. Assises de Jérusalem, ou Recueil des ouvrages de jurisprudence composés pendant le XIIIᵉ siècle dans les royaumes de Jérusalem et de Chypre; publié par M. le comte Beugnot. *Paris, impr. royale*, 1841-43, 2 vol. in-fol. d.-rel.

161. J. Seldeni Mare clausum, seu de dominio maris libri duo, *Lugd. Batav.*, 1636, pet. in-4, v.

162. Ordonnances des Rois de France de la 3ᵉ race, recueillies par ordre chronologique, 20ᵉ volume, par le marq. de Pastoret. *Paris, impr. royale*, 1840, in-fol. d.-rel.

163. Traitez des droits et libertez de l'Église gallicane, avec les preuves (par P. Pithou). 1639, 2 vol. in-fol. v. br.

SCIENCES ET ARTS.

Morale et philosophie.

Philosophes et moralistes anciens.

164. Bruckeri historia critica philosophiæ, editio secunda. *Lips.* 1767, 6 vol. in-4, bas.
165. Jo. Jonsii de scriptoribus historiæ philosophicæ libri IV. *Ienæ,* 1716, pet. in-4, d.-rel.
166. Lexicon philosophicum, secundis curis Stephani Chauvini. *Leovardiæ,* 1713, in-fol. vélin.
167. Mercurii Trismegisti Pimander, seu de potestate ac sapientiâ divinâ. *Parisiis, apud Turnebum,* 1554, pet. in-4, parch.
168. Hieroclis in aurea carmina commentarius, gr. et lat., *Londini,* 1742, in-8, v. fil.
169. Ocellus Lucanus, de la nature de l'univers, avec la traduction française de l'abbé Batteux. *Paris,* 1768, in-8, v.
170. Platonis opera, gr. *Basil.,* 1556. — Procli commentarii in Platonem, gr. *Basil., s. a.,* in-fol., v. fauve.
171. Platonis opera, gr. cum Jo. Serrani interpretatione latinâ, edidit, H. Stephanus. *Excudebat H. Stephanus,* 1578, 3 vol. in-fol. vélin.
172. Platonis opera gr. et lat., ex recensione Bekkeri. *Berolini* 1816, 8 vol. in-8., vél. bl.
173. Platonis opera; edidit Beck. *Lipsiæ, Tauchnitz,* 1813, 8 vol. in-18. v. rac. fil.
174. Platonis dialogi V, gr. et lat., recensuit et notis illustravit N. Forster. *Oxonii,* 1752, in-8, bas.
175. Platonis dialogi tres, gr. et lat., opera et studio G. Etwall. *Oxonii,* 1774, in-8, v. fil.

SCIENCES ET ARTS.

176. Platonis dialogi selecti, annotatione perpetuâ illustravit Frid. Heindorf. *Berolini*, 1802-10, 4 vol. in-8, v. rac. fil.
177. Platonis Phædon, cum notis Danielis Wyttenbachii. *Lugd. Batav.*, 1810, in-8, v. fil.
178. Platonis dialogi IV, Meno, Crito, Alcibiades uterque, gr. cum notis variorum, curaverunt Biester et Ph. Buttmann. *Berolini*, 1811, in-8, d.-rel.
179. Platonis Euthyphro, Apologia Socratis et Crito. gr. et lat., edidit Fr. A. Wolfius. *Berolini*, 1812, in-4, d.-rel.
180. Apologie de Socrate d'après Platon et Xénophon, avec des remarques sur le texte grec et la traduction française, par Thurot. *Paris*, 1806, in-8, v. fil.
181. Scholia in Platonem, collegit David Ruhnkenius. *Lugd. Batav.*, 1800, in-8, d.-rel.
182. Timœi sophistæ lexicon vocum platonicarum, notis illustr. Ruhnkenius. *Lugd. Batav.*, 1789, in-8. cart.
183. Procli philosophi platonici opera, gr. et lat., commentariis illustravit V. Cousin. *Parisiis, Eberhart*, 1820-27, 6 vol. in-8, d.-rel., le dernier broché.
184. Ex Procli scholiis in Cratylum Platonis excerpta; edidit Boissonade. *Lipsiæ*, 1820, in-8. d.-rel. v.
185. Aristotelis opera omnia; gr. et lat., edidit G. Du Val. *Lutetiæ*, 1619, 2 vol. in-fol. v. br.
186. Aristotelis opera, gr., ex recensione Bekkeri. *Berolini*, 1831, 2 vol. in-4, d.-rel. v. — Scholia in Aristotelem, collegit Brandis. 1836, in-4, d.-rel. v.
187. Aristotelis Organum, gr. *Impressum Venetiis, dexteritate Aldi Manutii Romani*, 1495, in-fol., bas.
  C'est le premier volume des œuvres d'Aristote publiées par Alde l'Ancien.
188. Scholia in Aristotelem, collegit Aug. Brandis. *Berolini, Reimer*, 1836, gr. in-4, d.-rel.

189. Aristotelis et Theophrasti Metaphysica, gr., edidit Ch. A. Brandis. *Berolini*, 1823, in-8, d. v.

190. Aristotelis Ethica, gr., edidit Coray. *Parisiis*, 1822, in-8, br.

191. Eustratii et aliorum commentaria in libros decem Aristotelis de Moribus, una cum textu suis in locis adjecto, gr. *Venetiis, Aldus*, 1536. — Themistii opera, gr. *Venetiis, Aldus*, 1534. 2 ouvr. en 1 vol. in-fol. veau fil.

192. Ammonii Hermei commentaria in librum (Aristotelis), peri Hermeneias, gr. *Venetiis, Aldus*, 1503. =Alexandri Aphrodisiensis comment. in sophisticos Aristotelis elenchos. gr. *Aldus*, 1520. — Ejusdem comment. in Aristotelis Analytica et Topica. gr. *Aldus*, 1513. — 4 tom. en 1 vol. in-fol. v.

193. Joannis Grammatici commentarium in poster. resolut. Aristotelis. *Venetiis, Aldus*, 1534. — In primos quatuor libros Aristotelis de naturali auscultatione. *Venetiis, Zanetti*, 1535. — In Aristotelis libros de Animâ. *Ven., Zanetti*, 1535. — Contrà Proclum de Mundi æternitate. *Venetiis, Trincavelli*, 1535. Le tout rel. en 1 v. in-fol., v. fauve, fil.

194. De variâ Aristotelis in academiâ parisiensi fortunâ, autore Joanne de Launoy. *Lutetiæ*, 1653, pet. in-8, parch.

195. Antonii Goveani pro Aristotele responsio, adversùs Petri Rami calumnias. *Parisiis, Colinæus*, 1543, pet. in-8, v.

196. Essai sur Parménide d'Elée, par Francis Riaux. 1840, in-8, d.-rel. v.

197. Xenophontis Memorabilia, gr., recensuit et notis illustravit Schneider. *Lipsiæ*, 1816, in-8, v. — Ejusdem OEconomicus, gr. *Lovanii*, 1527, pet. in-4, d.-rel.

198. Theophrasti notationes morum; recensuit Casaubonus. *Lugd.*, 1612, pet. in-8, parch.

199. Theophrasti characteres, gr., edidit Siebenkees.

SCIENCES ET ARTS.

Norimb., 1798. = Anecdota græca, è bibliothecarum italicarum codicibus descripsit Jo. Siebenkees. *Ibid.* 2 part. en 1 vol. in-8, d.-rel.

200. Characterum ethicorum Theophrasti capita duo, hactenus anecdota, gr. et lat., edidit Amadutius. *Parmæ (Bodoni)*, 1786, in-4, br. en carton.

201. Les Caractères de Théophraste, texte grec, avec une version française, par Coray. *Paris*, 1799, in-8, rel.

202. Epicteteæ philosophiæ monumenta, gr., edidit, latinâ versione annotationibusque illustravit Schweighæuser. *Lipsiæ*, 1789-98, 7 vol. in-8, d.-rel. dos de v.

203. Epicteti dissertationes, enchiridion et fragmenta, gr. et lat., notis et indice illustravit Jo. Upton. *Londini*, 1741, 2 vol. in-4, v. fil.
Exemplaire en grand papier.

204. Epicteti enchiridion, gr. et lat., edidit Upton. *Glasguæ*, 1758, pet. in-8, v. fauve. = Aristoteles, de Mundo, gr. et lat. *Glasg.*, 1745, pet. in-8. v.

205. Simplicii commentarius in Epicteti enchiridion, gr. (cum ipsius Epicteti textu). *Venetiis, Joh. et Ant. de Sabio*, 1528, pet. in-4, vélin. *Editio princeps*.

206. Simplicii commentarius in Epictetum, gr. et lat., cum notis Salmasii. *Lugd. Batav.*, 1640, pet. in-4, v.

207. Cebetis tabula. — Basilii magni sermo. — Plutarchi opusculum et Xenophontis Hieron., gr. (absque notâ), pet. in-8, maroq. rouge. — 74 feuillets dont un blanc.

Édition précieuse et rare, imprimée avec les caractères de Calliergi. Voyez le Manuel, tome 1, page 600.

208. Æschinis Socratici dialogi tres, gr. et lat., notis illustr. Jo. Clericus. *Amstelod.*, 1711, in-8, vélin.

209. Plutarchi liber de sera numinis vindicta, gr. et lat. recensuit D. Wyttenbach. *Lugd. Batav.*, 1772, in-8, v. m.

SCIENCES ET ARTS.

210. Sexti Empirici opera, gr. et lat., notas addidit J. Alb. Fabricius. *Lips.*, 1718, in-fol. v.
211. Maximi Tyrii dissertationes, gr. et lat., cum J. Marklandi annotationibus. *Londini*, 1740, in-4, v. m.
212. Maximi Tyrii dissertationes, gr. et lat.; annotationes addidit J. Reiske. *Lipsiæ*, 1774, 2 vol. in-8, d.-rel. mar.
213. Plotini opera philosophica, gr., cum M. Ficini interpretatione latinâ. *Basileæ*, 1580, in-fol., v. fil.
214. Porphyrii de abstinentiâ ab esu animalium libri quatuor. *Tr. ad Rhenum*, 1767, in-4, vél.
   Couvert de notes de la main de M. Séguier.
215. Porphyrius, de antro nympharum, gr. et lat.; notas adjecit van Goens. *Traj. ad Rhenum*, 1765, in-4, d.-rel.
216. Posidonii Rhodii reliquiæ doctrinæ; collegit atque illustravit J. Bake : accedit Wyttenbachii annotatio. *Lugd. Batav.*, 1810, in-8, v. rac. dent.
217. Simonis Socratici dialogi IV, gr., edidit Boeckius. *Heidelbergæ*, 1810, in-8, br.
218. Jamblichi de vitâ pythagoricâ liber., gr. et lat., notis illustravit Lud. Kuster. *Amstelod.*, 1707, pet. in-4, v.
219. Jamblichi Chalcidensis de mysteriis Ægyptiorum liber, gr. et lat., notas adjecit Th. Gale. *Oxonii*, 1678, pet. in-fol. vélin.
220. Discours de l'empereur Julien contre les chrétiens, trad. par le marq. d'Argens. *Berlin*, 1758, in-8, v. = Défense du Paganisme, trad. par le même. *Berlin*, 1769, 2 vol. in-12, cart.
221. M. Antonini imper. de rebus suis libri XII, gr. et lat., notis illustravit Gataker. *Cantabr.*, 1652, in-4, v.
222. Nemesii liber de naturâ hominis, gr. et lat. *Oxonii*, 1671, in-8, v.

223. Ciceronis opera philosophica.—De Legibus, Academica, de Finibus bonorum et malorum. *Lipsiæ*, 1809-13, 3 vol. gr. in-8, v. rac.

224. T. Ciceronis libri tres de naturâ Deorum, accedit apparatus criticus a Mosero digestus; notas adjecit Frid. Creuzer. *Lips.*, 1818, in-8, br. en carton.
— Ejusdem de Officiis libri tres, recensuit Facciolati. *Venetiis*, 1747, in-8, d.-rel.

225. Petri Lescaloperii humanitas theologica in quâ Cicero de naturâ deorum, argumentis, etc... in lucem prodit. *Parisiis, Cramoisy*, 1660, in-fol. v. br.

226. Senecæ philosophi opera, à Justo Lipsio scholiis illustrata. *Antuerpiæ*, 1632, in-fol. v. br.

227. A. Senecæ opera philosophica, cum notis J. Lipsii et aliorum, notis suis illustravit Bouillet. *Parisiis, Lemaire*, 1827, 5 tomes en 6 vol. in-8, br.

228. An. Boëtii opera omnia. *Basileæ*, 1570, in-fol. v. br.

Philosophes modernes.

229. Petrarchæ poetæ de remediis utriusque fortunæ libri duo. *Lugduni*, 1577, in-16, vélin doré.

230. The works of Francis Bacon. *London*, 1753, 3 vol. in-fol. v.

231. Fr. Baconis libri de Argumentis Scientiarum et Novum Organum. *Amstelod.*, 1660-62, 2 vol. pet. in-12, v.

232. Rad. Cudworthi systema intell. hujus universi, seu de veris naturæ rerum originibus commentarii, recensuit Jo. Moshemius. *Lugd. Batav.*, 1773, 2 vol. in-4, vélin cordé.

233. L'Art de connaître les hommes; les Caractères des Passions, et autres ouvrages du S. de La Chambre. *Paris*, 1648-60, 13 vol. in-4, v. fil.

SCIENCES ET ARTS.

233 bis. De la Sagesse, trois livres par P. le Charron. Bourdeaus, 1601, pet. in-8, vélin, fil. tr. d.

234. Essais de théodicée sur la bonté de Dieu et la liberté de l'homme, par Leibnitz. Amst., 1734, 2 vol. in-12, v. fauve.

235. Recueil de diverses pièces sur la philosophie, les mathématiques, etc., par Leibnitz, Clarke, Newton.... Lausanne, 1759, 2 vol. in-12, v. fauve.

236. OEuvres philosophiques de Leibnitz, tirées de ses Mss. et publiées par Éric Raspe. Amst., 1765, in-4, d.-rel.

237. Examen du pyrrhonisme, par Crousaz. La Haye, 1733, in-fol. v. m.

238. Cours de sciences (traité des premières Vérités, etc.), par le P. Buffier. Paris, 1732, in-fol. v.

239. L'Anthropologia di Galeazzo Capella. Venetia, nelle case delli heredi d'Aldo Romano, 1533, pet. in-8, cartonné.

240. The works of John Locke. London, 1768, 4 vol. in-4, v. éc. fil. portr.

241. The philosophical works of Henry Saint-John, lord Bolingbroke. London, 1754, 5 vol. in-8, v.

242. Essays and treatises on several subjects, by D. Hume. London, 1758, in-4, v.

243. The works of G. Berkeley. London, 1784, 2 vol. gr. in-4, cartonné.

244. Essays on the nature and immutability of truth, by J. Beattie. Edinb., 1776, in-4, v. fauve.

245. The principles of critical philosophy, selected from the works of E. Kant, by S. Beck, translated from the german. London, 1797, in-8, d.-rel.

Politique. — Économie politique.

246. Aristotelis Politica, gr., edidit Coray. Parisiis, Eberhart, 1821, in-8, v. fil.

247. Caroli Morgenstern de Platonis republicâ commentationes tres. *Halis-Saxonum*, 1794, in-8, cart.
248. La République de Cicéron, trad. par M. Villemain. *Paris*, 1823, 2 vol. in-8, v. rac. fig.
249. Discours politiques et militaires du seigneur de La Noue. *Basle*, 1587, in-8, bas.
250. Des anciens gouvernements fédératifs et de la législation de la Crète, par de Sainte-Croix. *Paris*, an VII, in-8, bas. rac.
251. Traité d'économie politique, par J.-B. Say. *Paris*, 1814, 2 vol. in-8, v. rac.
252. Recherches sur la nature et les causes de la richesse des nations, par Adam Smith, trad. par G. Garnier. *Paris*, 1802, 5 vol. in-8, v. rac.

Histoire naturelle. — Agriculture — Physique et médecine.

253. Aristotelis de animalium generatione libri quinque, cum Philoponi commentariis, gr. *Romæ*, 1526. — Olympiodori in meteora Aristotelis commentarii, gr. *Venetiis*, 1551, in-fol. v. fauve.
254. Aristotelis historia animalium, gr. *Florentiæ, per heredes Phil. Juntæ*, 1527, in-4, parch.
255. Aristotelis de animalibus historiæ libri x, textum recensuit, commentarium indicesque adjecit J. G. Schneider. *Lipsiæ*, 1811, 4 vol. in-8, v. rac. fil.
256. Æliani de naturâ animalium libri XVII, gr. et lat., curante Gronovio, *Basileæ*, 1750, 2 tomes en 1 vol. pet. in-4, d.-rel.
257. Æliani de naturâ animalium libri XVII, gr. et lat., animadversionibus edidit J. G. Schneider. *Lipsiæ*, 1784, in-8, d.-rel.
258. Æliani de naturâ animalium libri septemdecim,

gr. et lat., annotationibus illustravit F. Jacobs. *Jenæ*, 1832, 2 vol. in-8, d.-rel. v.

259. Plinii secundi naturalis historia, cum notis Jo. Harduini, recensuit Frid. Franzius. *Lipsiæ*, 1778-91, 10 vol. in-8, d.-rel. n. r.

260. C. Plinii historiæ naturalis libri xxxvii, cum comment. selectis J. Harduini et aliorum adnotationibus. *Parisiis, Lemaire*, 1827-32, 11 tomes en 13 vol. in-8, br.

261. Histoire naturelle de l'or et de l'argent, extraite du livre 33 de Pline l'Ancien, trad. et annotée par David Durand. *Londres*, 1729, in-fol., v. br.

262. Recherches sur les ossements fossiles, par G. Cuvier. *Paris*, 1821-24, 5 tomes en 7 vol. gr. in-4, br. fig. — Discours sur les révol. du globe, par le même. 1826, in-4, br. portr.

263. Histoire naturelle des crustacés fossiles, par Al. Brongniart et A. Desmarest. *Paris, Levrault*, 1822, gr. in-4, br. en carton, 11 pl.

264. Geoponicorum sive de re rusticâ libri xx, gr. et lat., post Petri Needhami curas, denuò recensuit et illustravit Nicolaus Niclas. *Lipsiæ*, 1781, 4 tomes en 2 vol. in-8, v.

265. Scriptores rei rusticæ, Cato, Varro, Columella, Palladius; commentariis excerptis suisque illustravit Schneider. *Lipsiæ*, 1794-96, 7 vol. in-8, v. rac.

266. Veterum scriptorum de re rusticâ præcepta in dialogos collecta, ab Adr. Kembter. *Aug. Vindel.*, 1760, pet. in-4, br. en carton.

267. De agrorum conditionibus et constitutionibus limitum (Siculus Flaccus, J. Frontinus, etc.). *Parisiis, apud Turnebum*, 1554, in-4, v. br.

268. Auctores finium regundorum, cum Rigaltii observationibus. *Lutetiæ*, 1614, in-4, v.

269. Simplicii commentarii in quatuor Aristotelis

libros de cœlo, cum textu ejusdem, gr.— Simplicii comment. in tres libros Aristotelis de animâ, gr. *Venetiis, Aldus*, 1526 et 1527, 2 ouvr. en 1 vol. in-fol. v. fauve.

270. Simplicii commentarii in octo Aristotelis physicæ auscultationis libros, cum ipso Aristotelis textu. *Venetiis, in œdibus Aldi*, 1526, in-fol., v. fil.

271. Theophrasti Eresii libri de lapidibus, de ventis, etc., gr. et lat. *Hanoviæ*, 1605, in-fol., v. fauve, fil.

272. Eclogæ physicæ historiam et interpretationem corporum et rerum naturalium continentes, ex scriptoribus græcis excerptæ, à Joh. Schneider. *Jenæ*, 1801, 2 vol. in-8, d.-rel.

273. S. Portii liber de coloribus. *Florentiæ*, 1548, pet. in-4, vélin.

274. Traité d'Hyppocrate des airs, des eaux et des lieux, texte grec, avec la trad. française par D. Coray. *Paris, Eberhart*, 1816, in-8, br.

275. OEconomia Hippocratis alphab. serie distincta, autore Foësio. *Francof.*, 1588, in-fol., v. fauve, fil.

276. Erotiani vocum quæ apud Hippocratem sunt collectio. *Venetiis*, 1566, pet. in-4, parch.

277. Galeni Pergameni opera omnia, gr. *Basileæ*, 1538, 5 vol. in-fol., v. br.

278. Oribasii anatomica ex libris Galeni, gr. et lat., curante G. Dundass. *Lugd. Batav.*, 1735, pet. in-4, bas.

279. Pauli Æginetæ libri septem, gr. et lat. *Basileæ*, 1538. = Aretæus, gr. et lat. *Bas.*, 1603, in-fol., v. fil.

280. Alexandri Tralliani libri duodecim. = Rhazæ de pestilentiâ libellus, gr. J. Goupyli in eosdem castigationes. *Lutetiæ, Robertus Stephanus*, 1548. = Aetii libri medecinales, gr. *Venetiis, Aldus*, 1534, in-fol., v. br.

281. Alex. Tralliani medici libri duodecim, gr. et lat., edidit Joh. Guinterius. *Basileæ*, 1556, in-8, parch.

282. Palladii liber de febribus, cum notis J. Steph. Bernard. *Lugd. Batav.*, 1745, in-8, v. fauve.

283. Demetrii Pepagomeni liber de podagrâ, gr. et lat., notis illustravit J. S. Bernard. *Arnhemiæ*, 1753, in-8, v.

284. Anonymi introductio anatomica, item Hypatus de partibus corporis, gr. et lat., cum Trilleri et Bernardi notis. *Lugd. Batav.*, 1744, in-8, vélin.

285. Prosperi Alpini de medicina Ægyptiorum libri IV. *Venetiis*, 1591. = Ejusdem de plantis Ægypti liber. *Venetiis*, 1592, in-4, parch.

Mathématiques. — Astronomie. — Art militaire.

286. Veterum mathematicorum Athenæi, Apollodori, Philonis, Bitonis, Heronis et aliorum opera, gr. et lat. *Parisiis, typog. Regia*, 1693, gr. in-fol., v. m. fil. Aux armes de France.

287. Euclidis elementa geometrica, gr. *Basileæ*, 1533. — Idem opus. Versio latina. *Lutetiæ*, 1578, in-fol., v. fauve, fil.

288. Cl. Ptolæmei magnæ constructionis libri XIII. Theonis in eosdem commentarii, gr. (edidit S. Grynæus) *Basileæ*, 1538, in-fol., v. fil.
Première édition.

289. Sphæræ atque astrorum cælestium ratio. (Proclus, Aratus, etc.). *Basileæ, Valderus*, 1536, gr. in-8, v. br.

290. Liber de magnitudinibus et distantiis solis et lunæ, gr. et lat. — suivi de l'histoire d'Aristarque de Samos, par M. de Fortia. *Paris*, 1810, in-8, br.

291. Procli Diadochi hypotyposis astronomicarum positionum. *Basileæ*, 1540. = Euclidis rudimenta

musices, optica et catoptrica, gr. *Parisiis*, 1557, pet. in-4, cart.

292. Biot. Sur un exposé de la Théorie de la lune rédigé par un auteur arabe du x⁰ siècle, in-4, br. == Vincent. Sur la mesure de la terre attribuée à Eratosthène, in-8, br. == Mémoire explicatif sur la sphère caucasienne et spécialement sur le zodiaque. *Paris*, 1813, in-4, br. fig.

293. Polyæni stratagematum libri octo, cum notis variorum, recensuit Maasvicius. *Lugd. Batav.*, 1691, in-8, vélin.

294. Polyæni stratagemata, gr., edidit Coray. *Parisiis, Eberhart*, 1809, in-8, d.-rel.

295. Du commandement de la cavalerie et de l'équitation, deux livres de Xénophon, trad. par un officier d'artillerie (P.-L. Courier). *Paris, Eberhart*, in-8, v. rac.

296. Onosandri strategicus, gr., cum notis et versione gallica Baronis de Zur-Lauben. *Norimbergæ*, 1762, in-fol., v. éc. fil.

297. Vegetii aliorumque veterum de re militari libri. *Ex officina Plantiniana*, 1607, in-4, parch.

Beaux arts. — Arts et métiers. — Jeux, etc.

298. Vitruvii Pollionis de architecturâ libri decem, adnotationibus illustravit G. Schneider. *Lipsiæ*, 1807, 3 vol. gr. in-8, pap. fort, v. rac. fil.

299. Les images, ou tableaux de plate peinture, traduits de Philostrate, par Blaise de Vigenère. *Paris*, 1637, in-fol., v. fauve, fig.

300. Traité théorique et pratique de calciner la pierre calcaire et de fabriquer toutes sortes de cimens, mortiers, etc., par Hassenfratz. *Paris, Huzard*, 1825, in-4, br. pl.

301. Hieronymi Mercurialis de arte gymnastica libri sex. *Venetiis, apud Juntas,* 1601, in-4, parch.

302. Rei accipitrariæ scriptores, gr. et lat., edidit Rigaltius. *Lutetiæ,* 1612, pet. in-4, parch.

303. Reliqua librorum Friderici secundi de arte venandi cum avibus. *Augustæ Vindelicorum,* 1596, pet. in-8, parch. fig. en bois.

304. Artemidori et Achmetis oneirocritica, gr. et lat., cum notis Rigaltii. *Lutetiæ,* 1603, in-4, parch.

305. Laurentii Lydi liber de ostentis, edidit et latinè vertit C. B. Hase. *Parisiis, typ. Regia,* 1823, gr. in-8, cart.

BELLES-LETTRES.

LINGUISTIQUE.

Formation des langues, grammaire générale, etc.

306. Traité de la formation mécanique des langues, par le président De Brosses. *Paris,* 1765, 2 vol. in-12, v. m. fig.

307. Hermes, or a philosophical inquiry concerning universal grammar, by James Harris; and three other treatises by the same. *London,* 1765, 2 vol. in-8, v. fil.

308. La philosophie du langage exposée d'après Aristote, par M. Séguier, marq. de Saint-Brisson. *Paris,* 1838, in-8, d. v. f.

309. Die sprachphilosophia der alten, von Laurenz Lersch. *Bonn,* 1828-40, 2 part. in-8, br.

BELLES-LETTRES.

Langue grecque.

310. Thesaurus cornucopiæ, et horti Adonidis, gr. (ediderunt Ang. Politianus et Aldus Manutius.) *Venetiis, in domo Aldi Romani,* 1496, in-fol., v. br. à comp.
   10 feuillets prélim. et 270 feuillets de texte.

311. Chrysoloræ Erotemata. gr. *Florentiæ, impensis Phil. Juntæ,* 1514, pet. in-8, v. rac. fil.

312. Demetrii Chalcondilæ grammaticæ Institutiones græcæ. *Lutetiæ, in officina Egidii Gormontii,* 1525, in-4, v. jaspé, fil.

313. Apollonii Alexandrini de syntaxi seu constructione Orationis libri IV, edente Sylburgio. *Francofurti,* 1590, in-4. vél.

314. Apollonii Dyscoli de Pronomine liber ; gr. primùm edidit Bekkerus. (absque loci et anni notâ) in-8, d.-rel.
   Avec un grand nombre de notes marginales de la main de M. Séguier.

315. Apollonii Alexandrini de constructione orationis libri quatuor, ex recensione Bekkeri. *Berolini,* 1817, in-8, v. rac.
   Exemplaire interfolié et couvert de notes de la main de M. Séguier.

316. Apollonii Alexandrini de constructione orationis libri IV, gr., edidit J. Bekker. *Berolini,* 1817, in-8, vél. bl.

317. Clenardi institutiones in græcam linguam. *Hanoviæ,* 1602, in-4, vélin.

318. Aug. Caninii Hellenismus. *Amstelod.,* 1700, pet. in-8, vélin.

319. Cl. Salmasii funus linguæ hellenisticæ. — Ejusdem liber de Hellenisticâ. *Lvgd. Batav., Elzev.,* 1643, 2 vol. pet. in-8, parch. et v.

320. Ammonius. De adfinium vocabulorum diffe-

rentiâ, edidit Valckenaer. *Lugd. Batav.*, 1739, pet. in-4, vél.

321. Ammonius. De adfinium vocabulorum differentiâ, edidit Ammon. *Erlangæ*, 1787. = Devarius, de græcæ linguæ particulis. *Lipsiæ*, 1793. = Lexicon technologiæ græcorum Rhetoricæ, congessit Ernesti. *Lipsiæ*, 1795. = 3 vol. in-8, d.-rel. vél.

322. Gregorii Corinthii libri de dialectis linguæ græcæ; cum notis Bastii et Boissonadi suisque edidit H. Schaeffer. *Lipsiæ, Weigel*, 1811, gr. in-8, d. v. ant. *Thouvenin*.

323. Philemonis grammmatici quæ supersunt; edidit Frid. Osann. *Berolini*, 1821, in-8, d.-rel.

324. Welleri grammatica græca nova; curavit Fischerus. *Lipsiæ*, 1781, 5 vol. in-8, d.-rel.

325. Godof. Hermanni de emendanda ratione græcæ grammaticæ pars prima; accedunt Herodiani aliorumque libelli nunc primum editi. *Lipsiæ*, 1801, in-8, cart.

326. Henrici Hoogeveen doctrina particularum græcarum, recensuit G. Schütz. *Lipsiæ*, 1782, in-8, d.-rel. n. r.

327. Franc. Vigeri de græcæ dictionis idiotismis liber, cum Hermanni et aliorum animadversionibus. *Lipsiæ*, 1813, 2 vol. in-8, d.-rel.

328. Græcæ linguæ dialecti, opera Mich. Maittaire, recensuit Sturzius. *Lipsiæ*, 1807, in-8, v. rac. fil.

329. Fr. Sturzii de dialecto macedonica et Alexandrina liber. *Lipsiæ*, 1803, in-8, cart.

330. De prosodiæ græcæ accentus inclinatione, scribebat Reizius; curante Wolfio. *Lipsiæ*, 1794, in-8, cart.

331. Ausführliche griechische grammatik von A. Mathiæ. *Leipzig*, 1807, 2 vol. in-8, d.-rel.

332. Wissenschaftliche syntax der Griechischen spra-

che, von G. Bernhardy, *Berlin*, 1829, gr. in-8, br.
333. Grammaire et théorie de la langue grecque, par Minoïde Mynas. *Paris*, 1827-28, 2 vol. in-8, d.-rel.
334. De l'emploi des conjonctions dans la langue grecque (par M. Séguier de Saint-Brisson). *Paris, Eberhart*, 1814, in-8, d.-rel.
335. Etymologicon magnum, cum notis Sylburgii. *È typogr. Commelini*, 1594, in-fol., v.
336. Etymologicum magnum notis illustratum; opera Sylburgii. *È typogr. Hier. Commelini*, 1594, in-fol. v. br.
Exemplaire réglé et couvert de notes manuscrites.
337. Etymologicon magnum, opera Frid. Sylburgii. *Lipsiæ*, 1816. = Etymologicum græcæ linguæ Gudianum, edidit Sturzius, 1818. = Orionis Etymologicon. 1820. — 3 vol. gr. in-4, vél. bl.
338. Julii Pollucis Onomasticum, gr. et lat., notas adjecerunt H. Lederlinus et T. Hemsterhuis. *Amstelod.*, 1707, 2 part. en 1 vol. in-fol., vélin.
339. Harpocrationis dictionarium in decem rhetores. J. Maussacus supplevit et emendavit. *Parisiis, apud Morellum*, 1614, in-4, parch.
340. Harpocrationis Lexicon, gr. et lat., accesserunt Valesii notæ. *Lugd. Batav.*, 1683, in-4, v. f.
341. Harpocrationis de vocibus liber, cum notis Gronovii et Valesii. *Lugd. Batav.*, 1696, pet. in-4, vél.
342. Hesychii Lexicon græcum, cum notis eruditorum; recensuit et animadv. adjecit Jo. Alberti. *Lugduni Batav.*, 1746, 2 vol. in-fol. v. fauve, fil.
343. Supplementa ad editionem Hesychii Albertinam, autore N. Schow. *Lipsiæ*, 1792, in-8. d. rel.
344. Hesychii Glossæ sacræ, notis illustravit Ernesti. *Lipsiæ*, 1785, in-8, d.-rel. n. r.
345. Suidæ Lexicon; gr. *Mediolani, impensa et dexteritate Dem. Chalcondyli, Jo. Bissoli, Bened. Mangii*

Carpensium, 1499, in-fol. v. fauve. (Exemplaire de Brunck.)
Première édition.

346. Suidas, gr. *Venetiis, in œdibus Aldi*, 1514, in-fol., d.-rel.

347. Suidæ Lexicon, gr. et lat., notas et indices adjecit Lud. Kusterus. *Cantabr.*, 1705, 3 vol. in-fol. vélin.
Le tome 1er est avarié.

348. Suidæ Lexicon gr. et lat. recensuit Bernhardy. *Halis*, 1843. Tome I, partie 2e, t. II, part. 1re. 2 vol. in-4, d.-rel.

349. Emendationes in Suidam et Hesychium; scripsit Jo. Toup. *Oxonii, Clarendon*, 1790, 4 vol. gr. in-8, d.-rel. n. r.

350 Zonaræ Lexicon, nunc primùm edidit, notis illustravit J. H. Tittmann. = Photii Lexicon, edidit Godof. Hermannus. *Lipsiæ*, 1808, 2 vol in-4, d.-rel.

351. Thesaurus utriusque linguæ, hoc est : Philoxeni aliorumque veterum autorum glossaria latino-græca et gr.-latina. *Lugd. Batav.*, 1600, in-fol., v. fauve, fil.

352. C. Philoxeni aliorumque glossaria latino-græca et græco-latina, à Car. Labbæo collecta. *Lutetiæ*, 1679, in-fol. v. br.

353. Magnum Dictionarium, quodquidem Varinus Phavorinus ex multis auctoribus in ordinem alphabeti collegit, gr. *Romæ, per Zach. Calliergi*, 1523, in-fol. v. br.

354. Commentarii linguæ græcæ, autore G. Budæo. *Parisiis, R. Stephanus*, 1548, in-fol., v. fauve, fil.
Dans le même vol. Jo. Camerarii comment. utriusquæ linguæ. *Basil.*, 1551, in-fol.

355. Rob. Constantini lexicon græco-latinum, edente Fr. Porto. (*Genevæ*) 1592, 2 vol. in-fol., d.-rel.

356. Thesaurus græcæ linguæ, ab Henrico Stephano constructus. *Henrici Stephani oliva, sine anno* (1581), 4 tomes en 8 vol. in-fol., d.-rel.
Intercalé de papier blanc.

357. Thesaurus græcæ linguæ ab Henrico Stephano constructus, editio nova. *Londini, in ædibus Valpianis*, 1816-1825, 8 vol. in-fol., d.-rel., dos de cuir de Russie, non rogné.

358. Thesaurus linguæ græcæ, ab Henrico Stephano constructus, post editionem anglicam, novis additamentis auctum, ordineque alphabetico digestum ediderunt C. B. Hase, Guill. et Ludov. Dindorf. *Parisiis, Ambr. Firm. Didot*, 1831.... 4 vol. in-fol., d.-rel. v.

359. Thesaurus græcæ poeseos, autore Morell. *Etonæ*, 1762, 2 vol. in-4, d. mar. n. r.

360. Glossaria græca minora et alia anecdota græca, animadv. illustravit Frid. Matthæi. *Mosquæ*, 1774, in-4, d.-rel.

361. Phrynichi eclogæ nominum et verborum atticorum, gr. et lat.; curante Corn. de Pauw. *Traj. ad Rhenum*, 1739, pet. in-4, vélin.

362. Phrynichi eclogæ nominum et verborum atticorum, edidit Aug. Lobeck. *Lipsiæ*, 1840, in-8, d.-rel.

363. Thomæ Magistri lexicon atticum, cum Blancardi et aliorum notis, edidit S. Bernard. *Lugd. Batav.*, 1757, in-8, v. fil.

364. Moeridis atticistæ lexicon atticum, notis illustravit Jo. Pierson. *Lugd. Batav.*, 1759, in-8, v. m.

365. Em. Porti dictionarium ionicum græco-latinum. = Ejusdem dictionarium doricum. *Francof.*, 1603, 2 vol. pet. in-8, parch.

366. Photii lexicon, è codice galeano descripsit R. Porson. *Londini*, 1822, 2 vol. in-8, cart.

367. Dammii lexicum Homericum et Pindaricum. *Berolini*, 1774, 2 vol. in-4, v.

368. J. Meursii glossarium græco-barbarum. *Lugd. Batav.*, 1610, in-4, parch.

369. Dictionarium latinum græco-barbarum, autore Simone Portio. *Lutetiæ*, 1635, in-4, v.

370. J. D. à Lennep. Etymologicum linguæ græcæ. *Traj. ad Rh.*, 1790, 2 vol. in-8, d.-rel. n. r. = Valckenaerii observationes et Jo. Lennep prælectiones academicæ, edidit Scheidius. 1790, in-8, d.-rel. n. r.

371. Novus apparatus græco-latinus, cum interpr. gallicà. *Parisiis, Barbou*, 1754, in-4, d.-rel. n. r.

372. Aüsführliche griechische sprachlehre, von Ph. Buttmann. *Berlin*, 1819, 2 vol. in-8, bas.

373. Schneiders kritisches Griechisch-Deutsches Worterbuch. *Iena*, 1805, 2 vol. in-4, d.-rel.

374. Griechisch-Deutsches Worterbuch, von J. Gottlob Schneider. *Leipzig*, 1819, 2 vol. in-4, d.-rel. n. r. = Suppl., 1821, in-4, br.

375. Schneiders handworterbuch der Griechischen sprache. *Leipzig*, 1826, 2 vol. in-4, d.-rel.

376. Tesoro della lingua greca volgare ed italiana, dal padre Alessio da Somavera. *Parigi*, 1709, 2 tomes en 1 vol. in-4, bas.

377. Dictionnaire grec moderne, allemand et italien, publié par Weigel. *Leipsick*, 1796, gr. in-8, d.-rel.

378. Dictionnaire français-grec moderne, par Zalik-Oglou. *Paris, Eberhart*, 1809, in-8, br.

Langues latine, française, allemande et anglaise.

379. Laurentii Vallæ de ling. latinæ elegantia libri sex. *Cantabr.*, 1688, pet. in 8, vélin. — Jo. Despauterii grammatica latina. *Parisiis*, 1653. — Apologie de la langue latine, par Belot. *Paris*, 1637. — 2 ouvrages en 1 vol. in-8, v. rac.

380. De elegantiori latinitate comparanda scriptores selecti, opera et studio R. Ketelii. *Amstelod.*, 1713, pet. in-4, vélin cordé.

BELLES-LETTRES.   35

381. Grammatici illustres. *Parisiis*, 1516. = Prisciani institutiones grammaticæ. *In ædibus Jo. de Marnef*, 1520. — 2 part. en 1 vol. in-fol. goth. d.-rel.

382. Grammaticæ latinæ autores antiqui, opera et studio Heliæ Putschii, cum indicibus. *Hanoviæ*, 1605, 1 tome en 2 vol. in-4, vélin, *rare*.

383. Auctores latinæ linguæ in unum redacti corpus, cum notis Gothofredi. *Coloniæ*, 1622, in-4, parch.

384. T. Varronis opera omnia, cum notis Scaligeri. *Dordrechti*, 1619, in-8, parch. = Scaliger, de causis ling. latinæ, 1580, pet. in-8, parch.

385. Verrius Flaccus et Pompeius Festus, recensuit Josephus Scaliger. *Lutetiæ*, 1576, pet. in-8, parch.

386. Pompei Festi et Verrii Flacci de verborum significatione libri xx, illustravit Dacerius. *Amstel.*, 1702, in-4, vélin cordé.

387. Nonius Marcellus. De proprietate sermonum. — Fulgentii libellus de prisco sermone. *Sedani*, 1614, pet. in-8, parch.

388. Jo. Vossii Aristarchus, sive de arte grammaticâ libri septem. *Amstelod.*, 1695, in-fol., d.-rel. n. r.

389. Lexicon technologiæ latinorum rhetoricæ, congessit Ernesti. *Lipsiæ*, 1797, in-8, d.-rel.

390. J. Schellers lateinische sprachlehre. *Leipzig*, 1803, in-8, d.-rel.

391. Francesco Priscianese fiorentino. Della lingua Romana. *Vinegia*, Zanetti, 1540, pet. in-4, v. fauve, fil. tr. d.

392. Prof. Reisig's vorlesungen über lateinische sprachwissenschaft, herausgegeben von Fr. Haase. *Leipzig*, 1839, in-8, d. v. f.

393. G. Jo. Vossii etymologicon linguæ latinæ. *Amstelod.*, 1662, in-fol., v. br.

394. Novus linguæ et eruditionis romanæ thesaurus, à Gesnero. *Lipsiæ*, 1749, 4 tomes en 2 vol. in-fol., v.

395. Bas. Fabri thesaurus eruditionis scholasticæ. *Francof.*, 1749, 2 vol. in-fol., vélin cordé.
396. Totius latinitatis lexicon, autore Ægidio Forcellini, cum appendice. *Patavii*, 1771-1816, 5 vol. in-fol., d.-rel.
   Intercalé de papier blanc.
397. Dictionnaire latin-allemand et allemand-latin, par G. Scheller. *Leipsick*, 1804, 7 vol. gr. in-8, d.-rel.
398. Dictionnaire universel contenant tous les mots français, par Ant. Furetière. *La Haye*, 1701, 3 vol. in-fol., v. br.
399. Dictionnaire de l'Académie française, sixième édition. *Paris, F. Didot*, 1835, 2 vol. in-4, d. v. ant.
400. A Dictionary of the english language, by S. Johnson. *London*, 1755, 2 vol. in-fol., v.
401. Dictionnaire anglais-français et français-anglais, par Fain. *Paris, Lefèvre*, 1817, 2 vol. in-4, d.-rel.

RHÉTORIQUE.

Rhéteurs.

402. G. J. Vossii tractatus de rhetoricâ et poeticâ. *Amstel., Blaeu*, 1697, in-fol., cart. n. r.
403. Geschichte der griechischen beredsamkeit, von Westermann. *Leipsig*, 1833, in-8, cart.
404. Rhetores græci, ex codicibus emendatiores et auctiores edidit Christ. Walz. *Tubingæ*, 1832-36, 10 vol. in-8, d. v. f.
   Le dixième volume est chargé de notes de la main de M. Séguier.
405. Rhetores selecti : Demetrius Phalereus, Tiberius Rhetor, etc. gr. et lat., notis illustravit Gale; iterum edidit Fischerus. *Lipsiæ*, 1773, in-8, d.-rel.
406. Aristotelis de arte dicendi libri tres, gr. et lat. *Parisiis*, 1575, in-4, v.

BELLES-LETTRES.

407. Victorii commentarii in tres libros Aristotelis de arte dicendi. *Florentiæ*, 1579, in-fol., bas.

408. Dionis Halicarnassei liber de structurâ orationis, ex recensione Jac. Uptoni. gr. et lat. *Londini*, 1728, in-8, mar. rouge.

409. Dionysii Halicarnassensis de compositione verborum liber. gr. et lat. edidit Schæfer. *Lipsiæ*, 1808, in-8, v. rac. fil.

410. Hermogenis rhetorica, gr. Ms. sur papier. = Aristotelis rhetorica. gr. *Basileæ, Froben*, 1529. = Le tout en 1 vol. in-4, peau de truie.

411. Hermogenis ars oratoria. gr. et lat. *Coloniæ Allobrogum*, 1614, pet. in-8, parch.

412. D. Longini liber de sublimitate; ex recensione Z. Pearcii, notas et versionem latinam adjecit N. Morus. *Lipsiæ*, 1769, in-8, cart., non rogné.

413. Dionysii Longini quæ supersunt, gr. et lat., recensuit et notas adjecit Jo. Toupius. *Oxonii, Clarendon*, 1778, gr. in-8, v. rac.

414. Longini quæ supersunt omnia græcè; edidit Egger. *Parisiis*, 1837, in-18, br.
Couvert de notes de la main de M. Séguier.

415. Philodemi rhetorica ex herculanensi papyro Oxonii excusa restituit et lat. vertit E. Gros. *Parisiis, Didot*, 1840, gr. in-8. d.-rel., v.

416. Tiberius rhetor, de figuris, gr., edidit Boissonade. *Londini*, 1815, in-8, br.

417. Manuelis Moschopuli de ratione examinandæ orationis libellus. gr. *Lutetiæ, R. Stephanus*, 1545, in-4, parch.

418. Rhetores latini. *Parisiis*, 1599, in-4, parch.

419. Quintiliani opera cum comment. Ludov. Spalding, quibus notas adjecit Dussault. *Parisiis, Lemaire*, 1821-25, 7 vol. in-8, br.

420. Quintiliani de Institutione oratoria libri duode-

cim, recensuit et annotavit Spalding. *Lipsiæ*, 1798, 4 vol. in-8, v. fil.

421. Rutilii Lupi de figuris sententiarum et elocutionis libri duo, recensuit Ruhnkenius. *Lugd. Batav.*, 1768, in-8, v. f.

422. Lectures on rhetoric, by Hugh Blair. *London*, 1787, 3 vol. in-8, v. rac.

Orateurs.

423. Dionysii Halycarnassensis de antiquis oratoribus commentarii; gr. et lat., recensuit Ed. R. Mores. *Oxonii*, 1781, in-8, v.

424. Oratorum veterum orationes. gr., cum interpr. latinâ quarumdam. *Excudebat H. Stephanus*, 1575, in-fol., v. fauve, fil.

425. Oratorum græcorum quæ supersunt monumenta ingenii, cum commentariis integris Wolfii, Taylori, aliorum et suis edidit J. Reiske. *Lipsiæ*, 1770-75, 12 vol. in-8, vélin blanc.

426. Oratores attici, gr. edente Bekkero. *Oxonii*, typogr. Clarend., 1822, 4 tomes en 7 part. in-8, cart.

427. Isocratis orationes et epistolæ, gr., edidit Coray. *Parisiis*, 1808, 2 vol. in-8, v. fil.

428. Isocratis orationes et Epistolæ. *Lipsiæ*, Tauchnitz, 1820, 3 part. en 1 vol. in-18, bas.

429. Lysiæ orationes, gr. et lat., cum notis Jo. Taylori. *Cantabrigiæ*, 1740, in-8, v. m.

430. Demosthenis orationes, gr. *Lutetiæ*, Jo. Benenatus, apud J. Dupuys., 1570, in-fol., bas. dent.

431. Demosthenis et Æschinis opera, gr. et lat., recensuit Hier. Wolfius. *Basileæ*, 1572, in-fol., v.

432. Demosthenis opera, gr. et lat., edidit J. Reiske;

editio correctior, curante H. Schæffero. *Londini*, 1822, 9 vol. in-8, cartonnés.

Avec quelques notes marginales de la main de M. Séguier.

433. Demosthenis opera, gr. et lat., edidit Auger. *Parisiis, Didot*, 1790, in-4; br.

Tome I*er*, le seul publié.

434. Demosthenis oratio adversus Leptinem, cum scholiis veteribus et commentario perpetuo, cura Frid. Wolfii. *Halis Saxonum*, 1789, in-8, v. fil.

435. Dionis Chrysostomi orationes, gr. *Venetiis, apud Fed. Turrisanum* (circa 1551), pet. in-8, parch.

436. Dionis Chrysostomi orationes, gr. et lat., cum Morelli animadv. *Lutetiæ*, 1604, in-fol., v. m.

447. Dionis Chrysostomi orationes, ex recensione J. Reiske; cum ejusdem aliorumque animadversionibus. *Lipsiæ*, 1784, 2 vol. in-8, v. rac.

438. Aristidis orationes, gr. et lat., edente Cantero. *Oliva Pauli Stephani*, 1604, 3 tomes en 2 vol., pet. in-8, v. br.

439. Libanii orationes, gr. et lat., recensuit Fed. Morellus. *Lutetiæ*, 1647, in-fol., bas. fleurdelisée.

440. Libanii orationes XVII, gr. et lat., notis illustravit Ant. Bengiovanni. *Venetiis*, 1754, in-4, cartonné.

441. Themistii orationes, gr. *Venetiis, in ædibus hæredum Aldi*, 1534, pet. in-fol., vélin fil. tr. d.

Première édition.

442. Themistii orationes, gr. et lat., cum Jo. Harduini observationibus. *Parisiis, typogr. Regia*, 1684, in-fol., v. fauve, n. r.

443. Gregorii Thessalonici orationes, gr., ex codicibus mss. primum edidit Frid. Matthæi. *Mosquæ*, 1776, in-8, d.-rel.

444. Orationes clarorum hominum. *Venetiis*, 1559, in-4, maroq. citron, *aux armes de De Thou*.

Un second ouvrage renfermé dans ce même volume en a été arraché.

445. Ciceronis orationes IV, notas adjecit Wolfius. *Berol.*, 1804, in-8, d.-rel. — Ejusdem orationes pro Fonteio et Rabirio, edidit Niebuhr. *Romœ*, 1820, in-8, br. = Ejusd. trium orationum partes ineditæ, recensuit Ang. Maius. *Francof.*, 1815, brochure in-8. —Thomæ Wopkens lectiones Tullianæ. *Amstel.*, 1730, in-8, br.

446. Asconii Pædiani in orationes Ciceronis commentarii. *Lutetiæ*, 1520, in-fol., v. br.

447. Panegyrici veteres notis illustr. de la Baune; ad usum Delphini. *Parisiis*, 1676, in-4, v. br.

448. Plinii panegyricus Cæsari imp. Trajano dictus, commentationibus instruxit Schwarzius. *Norimb.*, 1746, in-4, vélin cordé.

POÉSIE.

Traités sur la poétique, la métrique, etc.

449. Aristotelis de poëticâ liber, gr. et lat., observat. suas adjunxit Winstanley. *Oxonii*, 1780, in-8, gr. pap., bas.

450. Aristotelis de arte poëticâ liber, gr. et lat., cum God. Hermanni commentariis. *Lipsiæ*, 1802, in-8, v.

451. Petri Victorii commentarii in primum librum Aristotelis de arte poëtarum. *Florentiæ*, 1573, in-fol., v. fauve, fil. tr. d.

452. Hephæstionis liber de metris, cum notis Corn. de Pauw. *Traj. ad Rh.*, 1726, pet. in-4, v. r. fil.

453. Draconis liber de metris poëticis. Joh. Tzetzæ exegesis in Homeri Iliadem; primum edidit God. Hermannus. *Lipsiæ*, 1812, in-8, d.-rel.

454. Mallii Theodori liber de metris, edidit J. Frid. Heusinger. *Lugd. Batav.*, 1766, in-8, br.

455. God. Hermanni de metris poëtarum græcorum

et romanorum libri tres. *Lipsiæ*, 1796, in-8, d.-rel., n. r.

456. God. Hermanni elementa doctrinæ metricæ. *Lipsiæ*, 1816, in-8, vélin blanc.

457. Casauboni de satyricâ Græcorum poësi. *Parisiis*, 1605, pet. in-8, parch.

458. Zenobii libri de metris, in gr. vulg. *Viennæ*, 1803, in-8, v. gr. fil.

459. Ant. Sebastiani de poëta libri sex. *Venetiis*, 1559, in-4, v. tr. d.

460. J. C. Scaligeri poëtices libri septem. *Apud Ant. Vincentium*, 1561, in-fol., v. fauve, fil.

461. J. C. Scaligeri poëtices libri septem. *E bibliop. Commeliano*, 1617, pet. in-8, v.

462. Ch. Wasii senarius, sive de legibus et licentiâ veterum poëtarum. *Oxonii*, 1687, pet. in-4, cartonné.

463. Nic. Mercerii Pisciaci liber de conscribendo epigrammate. *Parisiis*, 1653, in-8, maroq. rouge.

Poëtes grecs.

464. Florilegium diversorum epigrammatum veterum, gr. *Excudebat Henricus Stephanus*, 1566, pet. in-fol., v. fauve, fil.

465. Analecta veterum poëtarum græcorum ; gr., edidit Brunck. *Argentorati*, 1772-76, 3 vol. in-8, v. rac. fil.

466. Anthologia græca, sive poetarum græcorum lusus, ex recensione Brunckii, indices et commentarium adjecit Frid. Jacobs. *Lipsiæ*, 1794-1803, 12 vol. in-8, v. rac. fil. = Anthologiæ græcæ palatinæ tomus tertius et ultimus, ediderunt Jacobs et Paulssen. *Lipsiæ*, 1817, 1 tome en 2 vol. in-8, v. rac. fil.

Ce dernier volume est tomé 13 et 14 pour servir de complément à l'Anthologie de 1794.

467. Carmina novem illustrium feminarum, Sapphi, Corinnæ, etc., gr. et lat. *Antuerpiæ*, 1568, pet. in-8 réglé, v. f.

468. Dicta poetarum quæ apud Stobœum extant; emendata et latino carmine reddita ab H. Grotio. *Parisiis*, 1623, in-4, vél.

469. Epicæ elegiacæque minorum poetarum gnomæ; gr. et lat., cum Gruteri notis, edidit Fr. Sylburgius. *Francof.*, 1603, pet. in-8, v. fauve.
Exemplaire de De Thou.

470. Gnomici poetæ græci, emendavit R. P. Brunck. *Argentorati*, 1784, pet. in-8, v. fil. tr. d.

471. Eustathii, Archiepiscopi Thessalonicensis, in Homeri Iliadem et Odysseam commentarii, gr. (edidit N. Majoranus, cum indice Devarii). *Romæ, apud Ant. Bladum*, 1542-49 et 1550, 4 tomes en 3 vol. in-fol., v. fauve, fil.
Première édition du commentaire d'Eustathe sur Homère.

472. Eustathii commentarii in Homeri Iliadem et Odysseam, gr. *Romæ, Ant. Bladus*, 1550, 2 vol. in-fol., v. Tomes 1 et 3.

473. Eustathii, Archiep. Thessalon., commentarii in Homeri Iliadem, gr., cum Alex. Politi versione latinâ. *Florentiæ*, 1730, 3 vol. in-fol., br. en carton, n. r.

474. Copiæ cornu, sive Oceanus enarrationum Homericarum, ex Eustathii commentariis concinnatum, autore Had. Junio (gr.). *Basileæ, Froben*, 1558, in-fol., v. fauve.

475. Homeri Ilias et Odyssea, cum schol. Didymi, accurante Schrevelio. *Amst., Elzevir*, 1666, 2 tom. en 1 vol. in-4, vél.

476. Homeri Ilias et Odyssea, gr. et lat., annotationes scripsit atque edidit S. Clarke. *Londini*, 1754, 2 vol. in-4, v.

477. Homeri et Homeridarum opera et reliquiæ; gr.,

ex recensione Frid. Aug. Wolfii. *Lipsiæ*, 1804, 4 vol. in-8, pap. vélin, v. j. fil.
478. Carmina Homerica; Ilias et Odyssea, a rhapsodorum interpolat. repurgata; opera et studio Ricardi Payne-Knight. *Londini*, 1820, in-4, v. fauve, fil.
479. Homeri Ilias, gr. *Florentiæ*, 1519, pet. in-8, v. fauve.
480. Homeri Ilias, et scholia in eam antiquissima, ad veteris codicis Veneti fidem recensita, nunc primum edidit D'Ansse de Villoison. *Venetiis*, 1788, 1 tome en 2 vol. in-fol., cartonnés, n. r.
Exemplaire intercalé de papier blanc sur lequel se trouvent beaucoup de notes de la main de M. Séguier.
481. Scholia in Homeri Iliadem, primum a Villoisone edita, ex recensione Im. Bekkeri. *Berolini*, 1825, 2 tomes en 1 vol. in-4, d. v. ant. *Thouvenin*.
482. Homeri Ilias, gr. ex veterum criticorum notationibus recensuit Frid. Wolfius. *Halis Saxonum*, 1794, 2 vol. in-8, bas.
Les prolégomènes de Wolf sont chargés de notes de la main de M. Séguier.
483. Homeri carmina (Ilias) gr. et lat., cum brevi annotatione et observationibus veterum grammaticorum; curante C. G. Heyne (cum indicibus confectis a Graefenhan). *Lipsiæ*, 1802-22, 9 vol. gr. in-8, p. fln, d.-rel. n. r. 28 vignettes dans le texte.
484. Homeri Hymnus in Cererem, nunc primum editus a Ruhnkenio. *Lugd. Batav.*, 1782, in-8, d.-rel.
485. Homeri Hymni et Batrachomyomachia, gr. recensuit Matthiæ. *Lipsiæ*, 1805, in-8. — Animadversiones in hymnos Homericos, autore Matthiæ. *Lips.*, 1800, in-8. — Les 2 vol. d. v. ant. *Thouvenin*.
486. Moschopuli Scholia ad Homeri Iliados librum 1 et II. *Traj. ad Rh.*, 1749, in-8, vélin.
487. Scholia antiqua in Homeri Odysseam, maximam partem e codicibus Ambrosianis ab Aug. Maio pro-

lata; nunc è codice palatino edita a Ph. Buttmanno. *Berolini*, 1821, in-8, d.-rel.

488. Apollonii Sophistæ lexicon græcum Iliadis et Odysseæ. *Lutetiæ*, 1773, 2 vol. in-4, v. m.

489. Apollonii Sophistæ lexicon græcum Iliadis et Odysseæ, recensuit Tollius. *Lugd. Batav.*, 1788, in-8, d.-rel. bas.

490. Joh. Berndtii lexicon Homericum. *Stendaliæ*, 1795, in-8, v.

491. Allegoriæ Homericæ quæ sub Heraclidis nomine feruntur, gr. et lat., edidit Nic. Schow. *Gottingæ*, 1782, pet. in-8, br.

492. Apotheosis vel consecratio Homeri, commentario illustratus a G. Cupero. *Amstelod.*, 1683, pet. in-4, v.

493. Argus Homericus, sive index vocabulorum in omnia Homeri poemata, curante Seb. Sulano. *Amstel.*, 1649, in-4, bas. fleurdelisée.

494. Feithii antiquitates Homericæ. *Argentorati*, 1743, pet. in-8, v. fig.

495. Antiquités d'Homère, traduites du latin en grec moderne. *Moscou*, 1804, in-4, v.

496. Leonis Allatii de patriâ Homeri. *Lugd.*, 1640, in-8, vélin.

497. Car. Drelincurtii Homericus Achilles. *Lugd. Batav.*, 1696, pet. in-4, vélin.

498. An inquiry into the life and writings of Homer (by Blackwell). *London*, 1736, in-8, v.

499. Hesiodi Opera et Dies; Theogonia et Scutum Herculis; cum scholiis. *Venetiis, diligentia Jo. Fr. Trincavelli*, 1537, in-4, v. m. fil.

500. Hesiodi Ascræi quæ exstant; gr. et lat., cum scholiis; opera et studio Dan. Heinsii. *Ex offic. Plantiniana*, 1603, in-4, parch.

501. Hesiodi opera, gr. et lat., cum notis Grævii et

aliorum. *Amstelod.*, *Elzev.*, 1667, pet. in-8, vél.

502. Hesiodi Ascraei quæ extant, gr. et lat., cum Robinsoni, Scaligeri, Heinsii et aliorum notis; curante Loesnero. *Lipsiæ*, 1778, in-8, d.-rel.

503. Di Esiodo i Lavori e le Giornate, gr.-lat.-ital., con annotazioni di L. Lanzi. *Firenze*, 1808, in-4, br. en carton.

504. Orphica, gr. et lat., cum notis H. Stephani, Gesneri et aliorum ; recensuit Godof. Hermannus. *Lipsiæ*, 1805, in-8, v. gr. fil.

505. Anacreontis odæ, gr. et lat., ab Henrico Stephano nunc primum donatæ. *Lutetiæ, apud H. Stephanum*, 1554, in-8, cart.
Première édition.

506. Anacreonteius, poeta lyricus, gr. et lat., operâ et studio Josuæ Barnes. *Cantabrigiæ*, 1705, pet. in-8, v. Trois portraits.

507. Anacreontis carmina, cura Ludolf Host. *Lipsiæ*, 1782, in-8, d.-rel.

508. Anacreontis Carmina, gr. ex recensione G. Baxteri ; notas adjecit Fischerus. *Lipsiæ*, 1793, gr. in-8, v. fil.

509. Pindari Olympia, Nemea, Pythia, Isthmia ; gr. cum scholiis græcis. *Impressi Romæ, per Zachariam Calliergi* (1515), pet. in-4, v. f.

510. Pindari Epinicia, gr. et lat., textum in genuina metra restituit, annotationem criticam, scholia integra, commentarium perpetuum et indices adjecit Aug. Bœckhius. *Lipsiæ*, 1811-21, 4 vol. in-4, v. rac.

511. Commentarii in Pindarum, autore B. Aretio. *Excudebat J. Le Preux*, 1587, pet. in-fol., v. fauve.

512. Theocriti decem Idyllia, gr. et lat., annotationibus instruxit Walckenaer. *Lugd. Batav.*, 1773, in-8, vélin. = Selecta quædam Theocriti Idyllia, gr. et lat., edidit Th. Edwards. *Cantabr.*, 1779, in-8, bas.

513. Theocriti, Bionis et Moschi carmina bucolica; gr. et lat., variis lectionibus instruxit Walckenaer. *Lugd. Batav.*, 1781, in-8, bas.

514. Theognidis elegi, cum notis Sylburgii et R. Brunckii, gr. edidit Immanuel Bekkerus. *Lipsiæ*, 1815. = Abbing, de Solonis laudibus poeticis. *Traj. ad Rh.*, 1825. = Musæus, gr. et lat., edidit Rover. *Lugd. Batav.*, 1737. — 3 ouvr. en 1 vol. in-8, d.-rel.

515. Lycophronis Alexandra, gr. et lat., cum scholiis græcis, cura Joh. Potteri. *Oxonii*, 1697, in-fol. v.

516. Lycophronis Cassandra, gr. et lat., notas adjecit God. Reichardus. *Lipsiæ*, 1788, in-8, d.-rel.

517. Scholia in Lycophronem, commentarios Meursii et Potteri addidit, et indicibus instruxit C. G. Mueller. *Lipsiæ*, 1811, 3 vol. in-8, v. rac. fil.

518. Hug. Grotii syntagma Arateorum opus. *Ex officina Plantiniana*, 1600, in-4, fig. v.

<small>Exemplaire de Chardon de la Rochette, avec des variantes copiées par lui sur l'exemplaire de Saumaise. Le cahier contenant les notes de Grotius sur Aratus manque.</small>

519. Arati Phaenomena, gr. et lat., cum scholiis græcis, curavit J. Th. Buhle. *Lipsiæ*, 1793, 2 vol. in-8, v. f.

520. Utriusque Leonidæ carmina, edidit Meineke. *Lipsiæ*, 1791, in-12, br. = Poeseos Leonidæ Tarentini specimen, edidit Ilgen. *Lipsiæ*, 1785, in-8, br.

521. Callimachi hymni, gr. *Glasguæ*, 1755, pet. in-4, fig. v. fauve.

522. Callimachi hymni; gr. et lat., cum notis variorum, notas suas adjecit Aug. Ernesti. *Lugd. Batav.*, 1761, 2 vol. in-8, bas.

523. Carmina convivalia Græcorum metris suis restituta, edidit Ilgen. *Ienæ*, 1798, pet. in-8, br.

524. Callimachi elegiarum fragmenta, illustrata a Lud. Walckenaer; edidit Luzac. *Lugd. Batav.*, 1799, in-8, bas.

BELLES-LETTRES.

525. Callimachi quæ supersunt, edidit Blomfield. *Londini*, 1815, in-8, br.

526. Apollonii Rhodii Argonautica, gr. recensuit et notis illustravit R. Brunck, editio nova ; accedunt scholia græca. *Lipsiæ*, 1810, 2 vol. in-8, v. rac. papier fin.
    Avec des notes de la main de M. Séguier.

527. L'Argonautica di Apollonio Rodio tradotta ed illustrata (dal card. Lod. Flangini). *Roma*, 1794-94, 2 vol. in-4, d.-rel.

528. Nicandri Theriaca, gr. et lat. *Parisiis, apud Morellium*, 1557. = Apollonii Rhodii Argonautica, gr., cum scholiis vetustis. *Excud. Henricus Stephanus*, 1574, in-4, v. fil.

529. Nicandri Alexipharmaca; gr., cum scholiis græcis, notis illustravit G. Schneider. *Halæ*, 1792, in-8, cart.

530. Bionis et Moschi quæ supersunt ; illustrabat et emendabat Wakefield. *Londini*, 1795, in-12, mar. r. fil. tr. dor.

531. Manethonis Apotelesmaticorum libri sex, gr. et lat., notas adjecit J. Gronovius. *Lugd. Batav.*, 1698, pet. in-4, v. fil.

532. Meleagri reliquiæ, commentarium adjecit Manso. *Jenæ*, 1789, in-8, vél.

533. Musæi de Herone et Leandro carmen, gr. et lat. Notas adjecit Joh. Schrader. *Leovardiæ*, 1742, in-8, vélin.

534. Gregorii Nazianzeni carmina, gr. et lat. *Venetiis, Aldus*, 1504, pet. in-4, bas.—Poesis philosophica, gr., edidit H. Stephanus. 1573, in-8, parch.

535. Nonni Panopolitæ dionysiaca, gr. *Antuerp., ex officina Chr. Plantini*, 1569, gr. in-8, fauve fil.
    Première édition.

536. P. Cunæi animadversiones in Nonni dionysiaca. *Lugd. Batav.*, 1610, pet. in-8, parch.

537. L'enlèvement d'Hélène, poëme de Coluthus, texte grec, avec la trad. par M. Stanislas Julien. *Paris, De Bure*, 1823, gr. in-8, v. rac. fil., fig.

538. Quintus Smyrneus, recensuit Tychsen. *Argentorati*, 1807, in-8, d.-rel. — J. Tzetzes. Antè-homerica et post-homer., edidit Jacobs. *Lips.*, 1793, in-8, cart.

539. Joannis Tzetzæ Antè-homerica et post-homerica, gr., commentario instruxit Frid. Jacobs. *Lipsiæ*, 1793, in-8, d.-rel.

540. Theod. Prodromi epigrammata, gr. *Basileæ*, 1536, pet. in-8, parch. = Poesis philosophica, gr., edidit H. Stephanus. 1573, in-8, parch.

541. Philæ carmina græca, gr. et lat., editionem curavit Wernsdorf. *Lipsiæ*, 1768, in-8, d.-rel.

542. Zoroastris oracula heroïca, gr. et lat., 1597. = Empedoclis Sphæra, gr. 1587. = G. Pisidæ opus sex dierum, gr. et lat., 1585, etc... Six pièces impr. à Paris par Fr. Morel, et réunies en 1 vol. in-4, parch.

Poëtes latins.

543. Fragmenta poetarum veterum latinorum. *Excud. Henr. Stephanus*, 1564, pet. in-8, v.

544. Poëtæ latini minores, notis veteribus ac novis illustravit N. E. Lemaire. *Parisiis*, 1824, 8 vol. in-8, br.

545. Poetæ latini rei venaticæ scriptores et bucolici antiqui, cum notis Kemphæri et aliorum. *Lugd. Batav.*, 1728, in-4, v. br.

546. Epigrammata et poëmatia vetera. *Parisiis, apud Duvallium*, 1590, 2 vol. pet. in-12, v. f. = Poëtæ tres elegantissimi : Marullus, Joannes Secundus et Angerianus. 1582, pet. in-12, v.

547. Lucrèce, traduit par Lagrange. *Paris*, 1768, 2 vol. in-8, v. f., fil., fig.

548. Catullus, Tibullus et Propertius. *Venetiis, in œdibus Aldi,* 1502, pet. in-8, parch.

549. Catullus, cum commentario Achillis Statii Lusitani. *Venetiis, in œdibus Manutianis,* 1566, pet. in-8, v.

550. V. Catulli carmina, perpetuâ adnotatione illustrata a Doering. *Lipsiæ,* 1788, 2 tomes en 1 vol. in-8, v.

551. V. Catullus, edidit Doering, suas annot. adjecit Naudet. *Parisiis, Lemaire,* 1826, in-8, br. — Tibullus, edidit Golbery. 1826, in-8, br.

552. Poésies de Catulle, trad. avec des notes, par Fr. Noël. *Paris,* 1806, 2 vol. in-8, v. fig.

553. Virgilii bucolica, georgica et Æneis, cum Servii commentariis. *Parisiis,* 1529, in-fol., bas., fig. sur bois.

554. Virgilius Maro, cum G. Guellii commentariis. *Antuerpiæ, Plantin,* 1575, in-fol., maroq.

555. Virgilii Maronis opera, ex probatissimis auctoribus illustrantur per Jac. Pontanum. *Augustæ-Vindelicorum,* 1599, in-fol., v. fauve.

556. Virgilii opera, cum Servii, Heinsii et aliorum notis; quibus et suas animadversiones addidit P. Burmannus. *Amstel.,* 1746, 4 vol. in-4, v. fil.

557. Virgilii Maronis bucolica, georgica et Æneis, ex codice Med.-Laurentiano descripta, italico versu reddita. *Romæ,* 1763, 3 vol. in-fol. cartonnés. fig.

558. Virgilius Maro, perpetuâ adnotatione illustratus à C. Gottl. Heyne. *Lipsiæ,* 1803, 4 vol. in-8, v. rac. fil.

559. P. Virgilius Maro, illustravit C. G. Heyne, notas suas adjecit Lemaire. *Parisiis,* 1819-23, 8 tomes en 9 vol. in-8 br.

560. L'Enéide de Virgile, traduite en vers, par J. Delille. *Paris, Michaud,* 1804, 4 vol. in-4, pap. vélin,

fig. cartonnés. == L'homme des champs, poëme par Delille. *Strasbourg*, 1802, in-4, d.-rel. fig.

561. Virgilius collatione scriptorum græcorum illustratus, opera Fulvii Ursini; edidit L. C. Valckenaer. *Leovardiœ*, 1747, in-8, v. éc.

562. Virgilius nauticus. Examen des passages de l'Enéide qui ont trait à la marine, par Jal. *Paris*, 1843, brochure in-8.

563. Q. Horatius Flaccus, cum D. Lambini et Adri. Turnebi commentariis. *Parisiis*, 1605, in-fol., v. br.

564. Q. Horatius Flaccus, cum comment. Cruquii. *Ex off. Plantiniana Raphelingii*, 1611, in-4, parch.

565. Q. Horatius Flaccus, ex recens. et cum notis Ric. Bentleii. *Cantabr.*, 1711, in-4, parch.

566. Q. Horatius Flaccus, cum notis Bentleii. *Amstelod.*, 1713, in-4, v. br.

567. Horatii eclogæ, cum scholiis veteribus; notis illustraverunt Baxter, Gesner et Zeunius. *Lipsiœ*, 1788, in-8, d.-rel.

568. Adriani Turnebi commentarius in Horatium. *Parisiis*, 1586, pet. in-8, v. fauve.

569. Les poésies d'Horace traduites par Sanadon. *Paris*, 1728, 2 vol. in-4, v.

570. Horatii Flacci vita, ordine chronologico delineata, studio Joannis Masson. *Lugd. Batav.*, 1708, in-8, v.

571. Ovidii Nasonis opera omnia, cum notis diversorum, suasque adjecit P. Burmannus. *Amstelod.*, 1727, 4 vol. in-4, v.

Exemplaire de D'ansse de Villoison, avec une longue note de sa main.

572. P. Ovidius Naso, cum notis et indicibus, animadv. suas adjecit Amar. *Parisiis*, 1820-25, 9 vol. in-8.

573. Nicolai Heinsii notæ in Ovidium. *Amstelod. apud*

Elzevirium, 1659, 3 vol. pet. in-12, v. fauve.

574. Ovidii metamorphoseon libri quindecim, græce versi à Planude, et nunc primum editi à Jo. Fr. Boissonade. *Parisiis, Lemaire*, 1822, in-8, v. rac.

575. Ovidii Nasonis fastorum libri, cum commentariis Constantini Fanensis. *Venetiis*, 1496, in-fol. goth. d.-rel.

576. Commentaires sur les épîtres d'Ovide, par Gaspar Bachet de Méziriac. *La Haye*, 1716, 2 vol. in-8, v. m.

577. Manilii astronomicon, cum notis Bentleii. *Londini*, 1739, in-4, d.-rel. n. r.

578. Astronomiques de Manilius, traduites par Pingré. *Paris*, 1786, 2 vol. in-8, v.

579. Phædri fabulæ, cum comment. P. Burmanni. *Leydæ*, 1727, in-4, v. m.

580. Tibullus, cum Broukhusii et aliorum notis. *Amstelod.*, 1708, in-4, vélin, fig.

581. Albii Tibulli carmina novis curis castigavit Heyne. *Lipsiæ*, 1798, in-8, cart.

582. Propertii elegiarum libri quatuor, edidit J. Broukhusius. *Amstelod.*, 1827, in-4, v.

583. Propertii elegiæ, cum comment. P. Burmanni, recensuit Santenius. *Trajecti ad Rhenum*, 1780, in-4, v. fauve.

584. Priapeia, sive diversorum poetarum in Priapum lusus, cum comment. G. Scioppii. *Patavii*, 1664, in-12, br.

585. Persii Flacci satyrarum liber, Is. Casaubonus recensuit et commentario illustravit. *Londini*, 1647, pet. in-8, bas.

586. Albinovani elegiæ et C. Severi Ætna, cum notis variorum. *Amstel.*, 1703, pet. in-8, v.

587. Lucani pharsalia, cum notis diversorum, curante Oudendorpio. *Lugd. Batav.*, 1728, 2 vol. in-4, v. m. fil.

588. Lucani pharsalia, cnm notis Ric. Bentleii. *Strawberry-Hill*, 1760, in-4, v. fauve.

589. Lucani pharsalia. *Parisiis, Barbou*, 1767, in-12, v. éc. fil. tr. d.

590. Poëme de Pétrone sur la guerre civile entre César et Pompée, trad. en vers, avec des remarques (par le président Bouhier). *Amst.*, 1737, in-4, v.

591. C. Silius Italicus, perpetuis comment. et indicibus illustr. Lemaire. *Parisiis*, 1823, 2 vol. in-8, br.

592. Valerii Flacci argonautica. *In œdibus Jo. Parvi*, 1519, in-fol., v. br.

593. Valerii Flacci argonauticon libri octo, cum not. variorum, edidit Lemaire. *Parisiis*, 1824, 2 vol. in-8, br.

594. Statii opera, cum notis Marklandi et aliorum, quibus suas addiderunt J. Amar et E. Lemaire. *Parisiis*, 1825-30, 4 vol. in-8, br.

595. P. Statii Silvarum libri quinque; recensuit notasque adjecit Jer. Marklandus. *Londini*, 1728, in-4, v. m. fil.

596. Juvenalis et Persii satiræ, interpr. ac notis illustr. Prateus; in usum Delphini. *Londini*, 1783, in-8, bas.

597. Juvenalis satiræ, cum notis Ruperti, excursibus et indice adjecit Lemaire. *Parisiis*, 1823, 2 vol. in-8, br. fig.

598. Martialis epigrammata, c. n. variorum, et indicibus illustraverunt quinque Acad. Par. professores. *Parisiis, Lemaire*, 1825, 3 v. in-8, br.

599. Pervigilium Veneris, cum notis variorum. *Hagæ-Comitum*, 1712, in-8, vélin.

600. Claudiani opera, commentario illustravit C. Barthius. *Francof.*, 1650, 1 tome en 3 vol. pet. in-4, v. éc. tr. d.

601. Claudiani opera, cum notis diversorum, recen-

suit P. Burmannus. *Amstel.*, 1760, in-4, v. éc. fil.

602. Claudiani opera, cum notis variorum, recensuit Artaud. *Parisiis, Lemaire*, 1824, 2 tomes en 3 vol. in-8, br.

603. Gratii Falisci et Nemesiani cynegeticon, cum notis variorum. *Mitaviæ*, 1775, in-8, cart.

604. Prudentii opera, notis illustrata a Jo. Weitzio. *Hanoviæ*, 1613, in-8, parch.

605. Sidonii Apollinaris opera. Jo. Savaro comment. adjecit. *Parisiis*, 1609, pet. in-4, bas.

606. Clem. Fortunati, episcop. Pictaviensis, carmina et epistolæ. *Moguntiæ*, 1603, in-4, parch.

Poëtes latins modernes. — Poëtes italiens et anglais.

607. Balzacii carmina. *Parisiis*, 1650, in-4, v.

608. Theod. Bezæ poemata. *Excudebat H. Stephanus*, 1569, pet. in-8, v. fauve. — Bonefonii Pancharis, cum versione gallicâ. *Lutetiæ*, 1587, pet. in-12, v.

609. Carmina quinque illustrium poetarum (Bembo, Naucerius, Balt. Castiglione, Cotta et Flaminius). *Venetiis*, 1558, pet. in-8, v.

610. Abr. Couleii Angli poemata latina. *Londini*, 1668, in-8, maroq. puce, dent.

611. Antonii Flaminii carmina. *Florentiæ*, 1552, pet. in-8, maroq. citron.

612. Mureti juvenilia. *Parisiis*, 1553, in-8, v. rac. fil.
613. Quilleti callipœdia, et Scævolæ Sammarthani pœdotrophia. *Londini*, 1709, in-8, v.

614. Hadr. Relandi Galatea, cum aliorum poetarum locis comparata, a Petro Bosscha. *Amstelod.*, 1809, in-8, d.-rel.

615. Sannazari opera, cum notis variorum. *Amstelod.*, 1728, in-8, vélin.

616. Cas. Sarbievii carmina. *Parisiis, Barbou,* 1759, in-12, v. fauve.

617. Sarcotis carmina, autore Masenio. *Parisiis, Barbou,* 1771, in-12, v. fil. tr. d.

618. Strozii poetæ pater et filius. *Venetiis, Aldus,* 1513, pet. in-8, v. fauve.

619. M. Hier. Vidæ Christiados libri sex. *Lugd. apud Gryphium,* 1536, pet. in-8, v. fauve.

620. Il Petrarca. *In Fiorenza, per gli heredi di Fil. di Giunta,* 1522, pet. in-8, v. — La Cleopatra di G. Gratiani. *Bologna,* 1653, pet. in-12, maroq. r.

621. The works of the british poets, with biogr. and critical prefaces, by Anderson. *London,* 1795, 13 vol. gr. in-8, v. gr. fil.

Poëtes dramatiques grecs et latins.

622. Æschyli tragædiæ septem. gr., cum scholiis, curâ P. Victorii. *Ex offic. H. Stephani,* 1556, in-4, v. fauve, fil.

623. Æschyli tragediæ septem, gr. denuò recensuit G. Schutz. *Halæ,* 1800, 2 vol. in-8, cart.

624. Æschyli tragœdiæ quæ supersunt, gr. et lat., cum scholiis græcis, ex editione Th. Stanleii; notas suas adjecit Samuel Butler. *Cantabrigiæ,* 1809-16, 4 vol. in-4, d. v. ant.

625. Æschyli tragœdiæ, edidit Bothe. *Lipsiæ,* 1831, 2 vol. in-8, d.-rel. v. f.

626. Sophoclis tragœdiæ septem, gr. *Venetiis, in Aldi romani academiâ, mense Augusto,* 1502, in-8, maroq. rouge. Ancienne reliure.
Première édition.

627. Sophoclis tragœdiæ septem, cum versione latinâ et scholiis, ex editione Brunck. *Argentorati,* 1788, 3 vol. in-8, bas.
Avec des notes de la main de M. Séguier.

628. Sophoclis tragœdiæ septem, gr., cum animadv. Sam. Musgravii. *Oxonii*, 1800, 3 vol. gr. in-8, v. fauve.

629. Sophoclis tragœdiæ septem, gr., notas adjecit Erfurdt. *Lips.*, 1802-11, 6 vol. in-8, vélin blanc, pap. fort.

630. Sophoclis dramata, gr. et lat., illustravit H. Bothe. *Lipsiæ*, 1806, 2 vol. in-8, pap. fin, d. v. ant. *Thouvenin*.

631. Sophocles, gr. curante Boissonade. *Parisiis, Lefèvre*, 1824, 2 vol. in-18, br. = Lyrici græci. *Ibid.*, 1825, in-18, br. = Poetæ gnomici græci. 1823, in-18, br.

632. Sophoclis OEdipus et Euripidis Orestes, gr. edidit Brunck. = Sophoclis Electra et Euripidis Andromache, gr., edidit Brunck. *Argentor.*, 1779, 2 vol. pet. in-8, v. m.

633. Sophoclis Ajax, gr. cum scholiis et commentario perpetuo edidit Lobeck. *Lipsiæ*, 1809, in-8, vélin.

634. Sophoclis Ajax commentariis illustravit Lobeck. Edit. secunda. *Lipsiæ*, 1835, in-8, d.-rel. v.

635. Sophoclis OEdipus tyrannus, gr. edidit Elmsley. *Lips.*, 1821, in-8, d.-rel. = Euripidis Hecuba, gr. cum notis God. Hermanni, 1800, in-8, cart. — Hermanni observat. criticæ in quosdam locos Æschyli et Euripidis, 1798, in-8, d.-rel.

636. Sophoclis Philoctetes gr. edidit Buttmann. *Berolini*, 1822, in-8, cart.

637. Euripidis tragœdiæ; gr. (ex recensione Aldi Romani). *Venetiis, apud Aldum*, 1503, 2 vol. pet. in-8, bas.

<small>Première édition complète, moins l'Électre qui n'a été publiée qu'en 1545.</small>

638. Euripidis tragœdiæ, gr. et lat., cum scholiis. Excud. P. *Stephanus*, 1602, pet. in-4, v. fauve fil.

639. Euripidis tragœdiæ et fragmenta, recensuit Matthiæ. *Lipsiæ*, 1813-29, 9 vol. in-8, vel. bl.

640. Euripidis tragœdiæ quatuor, Hecuba, Phœnissæ, Hippolytus et Bacchæ, gr., edidit Brunck. *Argentorati*, 1780, pet. in-8, v. fauve. = Euripidis Supplices, gr. edidit Hermannus. *Lipsiæ*, 1811, in-12, d.-rel.

641. Euripidis tragœdiæ. — Hecuba, Orestes, Phœnissæ et Medea. — gr. edidit Porson. *Lipsiæ*, 1802, in-8, v.

642. Euripidis tragœdiæ quatuor. Hecuba, Orestes, Phœnissæ et Medea; edidit Porson. *Lipsiæ*, 1807, in-8, d.-rel. bas.

643. Euripidis Phœnissæ, gr. et lat., annotat. adjecit et scholia subjecit C. Valckenaër. *Franequeræ*, 1755, pet. in-4, d.-rel. n. r.

644. Euripidis Hippolytus, gr., cum emendat. J. Markland. *Oxoniæ*, 1756, in-4, v. fil.

645. Euripidis Hippolytus, gr. et lat., adnotationibus instruxit L. Walckenaer. *Lugd. Batav.*, 1768, in-4, v. éc. fil. tr. d.

646. Sylloge lectionum græcarum glossarum scholiorum in tragicos græcos, collegit et publicavit God. Faehse. *Lipsiæ*, 1813, in-8, d.-rel.

647. Benjamini Heath notæ in Æschylum, Sophoclem et Euripidem. *Oxonii*, 1762, in-4, v.

648. Observationes criticæ in Sophoclem, Euripidem et Anthologiam græcam, scripsit Lud. Purgold. *Ienæ*, 1802, in-8, v. fil.

649. Aristophanis comœdiæ gr. et lat., ex optimis exemplaribus emendatæ, studio Brunck. *Argentorati*, 1783, 4 vol. in-8, d.-rel.

650. Aristophanis comœdiæ, gr. et lat., emendatæ a Ph. Invernizio. Accedunt criticæ animadversiones, scholia græca, indices et virorum doctorum adnotationes. *Lipsiæ*, 1794-1826, 13 vol. in-8, v. éc. fil.

651. Ricardi Porson notæ in Aristophanem, quibus Plutum comœdiam, ex ejusdem recensione, adjecit

Dobree. *Cantabr.*, 1820, gr. in-8, v. fauve, fil.

652. Menandri et Philemonis reliquiæ, gr. et lat., cum notis Clerici et aliorum. *Amstel.*, 1709. Emendationes in Menandrum, 1710. 2 vol. in-8, v. br.

653. Menandri et Philemonis reliquiæ; edidit Meineke. *Berolini*, 1823, in-8, d.-rel. v.

654. Ex veterum comicorum fabulis, quæ integræ non extant, sententiæ. gr. et lat. *Parisiis, apud. G. Morelium*, pet. in-8, parch.

655. Comicorum græcorum sententiæ, gr. et lat. *Excudebat H. Stephanus*, 1569, in-24, vélin.

656. Plautinæ vigenti comediæ, cum interpr. P. Vallæ et Bernardi Veneti. *Venetiis*, 1499, in-fol. v. rac. dent.

657. Plauti comœdiæ, ex recogn. Gruteri, accedunt commentarii Taubmanni. *Francof.* 1621, in-4, v.

658. Plauti comœdiæ. *Parisiis, Barbou*, 1759, 3 vol. in-12, v. marb. fil. tr. dor.

659. Terentius, ex recensione et cum notis Bentleii. *Cantabr.*, 1726, in-4, v. fauve.

660. Terentii comœdiæ sex, commentario perpetuo illustratæ, curavit Westerhovius. *Hagæ-Comitum*, 1726, 2 vol. in-4, v.

661. Terentii comœdiæ, recensuit, notasque suas addidit Ric. Bentley. *Amstel.*, 1727, in-4, v. éc. fil.

662. P. Terentii comœdiæ, cum indice et notis illustravit Lemaire. *Parisiis*, 1827, 3 vol. in-8, brochés.

663. Senecæ tragædiæ, cum Gronovii et aliorum notis, recensuit Schrœder. *Delphis*, 1728, in-4, v. éc. fil.

664. Senecæ tragœdiæ, recognovit H. Bôthe. *Lipsiæ*, 1819, 2 tomes en 1 vol. in-8, d.-rel. v. bl. Thouvenin.

FABLES ET ROMANS.

665. Æsopi fabulæ, gr. edidit Coray. *Parisiis*, 1810, in-8, v. fil. fig.

666. Phœdri fabulæ, edidit Schwabe, cum notulis variorum et suis subjunxit J. B. Gail. *Parisiis, Lemaire*, 1826, 2 vol. in-8 br.

667. Josephi Desbillons fabulæ æsopicæ. *Manheimii*, 1768, 2 vol. in-8, v. rac. fil. fig.

668. Desbillons. Fabulæ Esopiæ. *Parisiis, Barbou*, 1778, in-12, v. marb. fil. tr. dor.

669. Longi pastoralia, gr. et lat., cum animadv. D'ansse de Villoison. *Parisiis*, 1778, in-8, d.-rel. n. r.

670. Longi pastoralia, gr. et lat., cum Paciaudii proloquio de libris eroticis antiquorum, recensuit ac notas adjecit H. Schaefer. *Lipsiæ*, 1803, in-18, d.-rel.

671. Daphnis et Chloé, pastorale de Longus, traduite du grec par Amyot; trad. complétée par Courier. *Blois*, 1820, in-12 v. r. fil. tr. dor.

672. Heliodori Æthiopicorum libri x, gr. et lat., notas adjecit Bourdelotius. *Lutetiæ*, 1619, pet. in-8, v. fauve.

673. Heliodori Æthiopica, gr. edidit Coray. *Parisiis*, 1806, 2 vol. in-8, d.-rel.
   Avec des notes marginales de la main de M. Séguier.

674. Xenophontis Ephesii de Anthia et Abrocome libri quinque. gr. et lat., notis et indicibus instruxit Locella. *Vindob.*, 1796, pet. in-4, v.

675. Achillis Tatii de Leucippes et Clitophontis amoribus libri octo; gr. et lat., recensuit et notas adjecit Frid. Iacobs. *Lipsiæ*, 1821, 2 vol. in-8, d. v. ant. Thouvenin.

676. Charitonis de Chærea et Callirrhoe amatoriarum

narrationum libri octo, gr. et lat., publicavit D'Orville; notas adjecit J. Reiske. *Lipsiæ,* 1783, in-8, d.-rel.

677. Eustathii de Ismeniæ et Ismenes amoribus libri XI, gr. et lat., ex regiâ biblioth. edidit G. Gaulminus. *Lutetiæ,* 1613, pet. in-8, parch.

PHILOLOGIE.

Philologues anciens.

678. Athenæi deipnosophistarum libri XV, gr. et lat., recensuit et notas adjecit Is. Casaubonus. *Lugd.,* 1612, in-fol., bas. dorée. = Casauboni animadversiones in Atheneum. 1600, in-fol. v. br.

679. Athenæi deipnosophistarum libri quindecim. gr. et lat., animadversionibus illustravit Schweighœuser. *Argentorati,* 1801, 14 vol. in-8, v. rac.

680. J. Stobæi eclogæ physicæ et ethicæ, gr. et lat., cum notis Ludovici Heeren. *Gottingæ,* 1792-1801, 4 part. en 2 vol. in-8, vél. bl.

681. Auli Gellii noctes atticæ, cum notis Gronovii. *Lugd. Batav.,* 1687, in-8 vél.

682. Auli Gellii noctes atticæ, editio Gronoviana, edidit Lud. Conradi. *Lipsiæ,* 1762, 2 vol. in-8, bas.

683. Macrobii opera. *Biponti,* 1788, 2 vol. in-8, d.-rel.

684. Martiani Capellæ de nuptiis philologiæ et Mercurii libri IX, Hug. Grotii notis illustrati. *Lugd. Batav.,* 1599, pet. in-8 vél.

Philologues et critiques modernes.

685. Miscellaneæ observationes in autores veteres et recentiores ab eruditis Britannis inchoatæ et in Bel-

gio continuatæ. *Amstel.*, 1732-39, 10 vol. = Miscellaneæ observ. crit. novæ (scrips. Burman, D'Orville, etc.) 1740-51. 12 part. en 4 vol. in-8, d.-rel. n. r.

686. The classical journal, from september 1815, to december 1828 (tomes 12 à 38). *London, Valpy,* 1815-28, 27 vol. in-8, d.-rel.

687. Ludovici Abresch dilucidationes Thucydideæ. *Traj. ad Rh.*, 1755. — Ejusdem animadv. ad Æschylum. *Zwollæ*, 1763. = 2 vol. in-8, d.-rel.

688. Alexandri ab Alexandro geniales dies. *Parisiis,* 1532, in-fol. v. dent.

689. R. Bentleii opuscula philologica, dissertationem in Phalaridis epistolas et epistolam ad Millium complectentia. *Lipsiæ*, 1781, in-8, br.

690. A dissertation upon the epistles of Phalaris, by Richard Bentley. *London,* 1699, in-8, b.

691. A short account of Dr Bentley's humanity and justice to those authors who have written before him; in a letter to Ch. Boyle. *London,* 1699, in-8, v., et autres pièces dans le même volume.

692. Lamberti Bos observationes miscellaneæ ad loca quædam scriptorum græcorum. *Franequeræ,* 1707, in-8, bas.

693. G. Budæus. De transitu hellenismi ad christianismum. *Parisiis, R. Stephanus,* 1535, v. br.

694. Mélanges de critique et de philologie, par Chardon de la Rochette. *Paris,* 1812, 3 vol. in-8, cart.

695. Chardon de la Rochette. Notice des scholies grecques sur Platon = sur Janus Ulitius = sur Panætius = Laboulaye. Testament de Dasumius. = Dubois sur une Inscription grecque trouvée dans une statue de bronze du musée du Louvre. — En tout, 7 br. in-8.

696. Jo. Clerici ars critica. *Amstelod.*, 1730, 3 vol. pet. in-8, v.

697. Lud. Cælii Rhodigini lectiones antiquæ. *Basileæ, Froben*, 1550, in-fol., v. br.

698. Analecta philolog. critico-historica, recensuit Th. Crenius. *Amstel.*, 1690, pet. in-8, vélin.

699. Th. Crenii animadversiones philologicæ et historicæ. *Oxonii*, 1699. = De græcæ ecclesiæ hodierno statu epistola, autore Smith. *Oxonii*, 1676, in-8, vélin.

700. G. D'Arnaud specimen animadv. criticarum ad aliquos scriptores græcos. *Harlingæ*, 1728, in-8, vélin.

701. Ricardi Dawes miscellanea critica. *Lipsiæ*, 1800; in-8, d.-rel. — Ottonis Sluiter lectiones Andocideæ. *Lugd Batav.*, 1804, in-8, d.-rel.

702. Kleine lateinische und deutsche schriften, von Ludolf Dissen. *Gottingen*, 1839, in-8, d. v. f.

703. Dodwelli prælectiones academicæ in scholâ historices Camdenianâ. *Oxonii*, 1692, in-8, v.

704. Critica Vannus in inanes Jo. Cornelii Pavonis paleas, in quâ plurimi scriptores explicantur et vindicantur (autore P. d'Orville.) *Amstel.*, 1737, in-8, vélin.

705. Drusii de quæsitis per epistolam. *Apud Radæum*, 1595. = Ejusdem questionum ac responsionum liber. *In acad. Lugdunensi*, 1584, 2 vol. pet. in-8, v. fauve.

706. Drusii observationum libri XII, in quis varia variorum auctorum loca partim coriguntur, partim explicantur. *Antuerpiæ*, 1584, in-8, vélin.

<small>Exemplaire avec les armes de *Jacq.-Aug. de Thou*, et portant sur le frontispice la signature de *J. Racine*</small>

707. Glossarium græcum et observationes philologicæ in sacros novi fœderis libros, notis illustr. Jo. Alberti. *Lugd. Batav.*, 1735. = Lamb. Bos observationes miscellanæ. 1707, etc. 4 part. en 1 vol. in-8, vélin.

708. Jani Gruteri lampas, sive fax artium liberalium;

hoc est : thesaurus criticus, in quo infinitis locis autorum scripta corriguntur et illustrantur. *Francof.*, 1602, 6 vol. in-8, v. br.

709. Lampas, sive Thesaurus criticus quem ex otiosâ bibliothecarum custodiâ eruit Janus Gruterus. *Florentiæ*, 1737, *Lucæ*, 1747 et *Neapoli*, 1751, 4 vol. in-fol., parch.

710. Adriani Heringa observationum criticarum liber singularis, in quo passim veteres auctores, græci maxime, emendantur. *Leovardiæ*, 1749, in-8, d.-r.

711. Heynii opuscula academica. *Gottingæ*, 1785-88. 3 part. en 1 vol. in-8, d.-rel. bas.

712. P. Horrei miscellaneæ criticæ. *Leovardiæ*, 1738, in-8, vélin.

713. Specimen emendationum in autores veteres; epistola critica ad virum celeb. Heyne, autore Jacobs. *Gothæ*, 1786, pet. in-8, d.-rel.

714. Questiones epicæ, scripsit Lehrs. *Regimontii Prussorum*, 1837, in-8, d. v. br.

715. Thomæ Linacri de emendata structurâ latini sermonis libri sex. *Venetiis, apud Paulum Manutium*, 1557, pet. in-8, rel. en bois.

716. Jo. Lomeier dies geniales. *Daventriæ*, 1694, pet. in-8, vélin.

717. Joannis Luzac lectiones atticæ, edidit Sluiter. *Lugd. Batav.*, 1809, in-4, br.

718. J. Marklandi epistola critica ad Franc. Hare, in quâ Horatii loca aliquot et aliorum veterum emendantur. *Cantabr.*, 1723, in-8, v. m.

719. Martini lexicon philologicum. *Amstelod.*, 1701, 2 vol. in-fol., v. br.

720. Morini dissertationes octo, in quibus multa sacræ et profanæ antiquitatis monumenta explicantur. *Genevæ*, 1683, pet. in-8, br.

721. Petri Petiti miscellaneæ observationes. *Traj. ad Rhenum*, 1682, in-8, v.

722. Jo. Piersoni verisimilia. *Lugd. Batav.*, 1752, in-8, v. m.

723. R. Porsoni adversaria, ediderunt H. Monk et C. Blomfield. *Lipsiæ*, 1814, in-8, d.-rel.

724. Pentecontarchus; sive quinquaginta militum ductor Laurentii Ramirez de Prado stipendiis conductus. *Antuerpiæ*, 1612, in-4, parch.

725. Th. Reinesii variæ lectiones. *Altenburgi*, 1640. — Ejusdem variarum lectionum defensio. *Rostochii*, 1658, 2 vol. pet. in-4, maroq. r. — Ejusdem epistolæ, in quibus de variis scriptoribus disseritur. *Jenæ*, 1670, pet. in-4, v. fauve.

726. Ruhnkenii opuscula. *Lugd. Batav.*, 1807, in-8, v. = Ejusdem in Terentii comœdias dictata, cura Schopeni. *Bonnæ*, 1825, in-8, d.-rel. = Vita Ruhnkenii, autore Wyttenbachio. *Amstel.*, 1709, in-8, v.

727. Dav. Ruhnkenii, L. Valckenærii et aliorum ad Augustum Ernesti epistolæ. *Lipsiæ*, 1812, in-8, d. v. vert. *Thouvenin.*

728. Rutgersii variæ lectiones. *Lugd Batav.*, *Elzev.*, 1618, in-4, vél.

729. G. Scioppius.—De arte criticâ. *Amstelod.*, 1662. —Consultationes. *Amst.*, 1665.— Suspectarum lectionum libri quinque. 1664.—Symbola critica in Apuleium. 1664.—Priapeia, cum notis G. Scioppii. *Patavii*, 1664. — 5 part. en 1 vol. pet. in-8, v.

730. G. Scioppii grammatica philosophica. *Amstel.*, 1664. — Grosippi paradoxa litteraria. 1659. — — Scioppii verisimilia. 1662. — Priapeia, sive diversorum poëtarum in Priapum lusus, cum notis Scioppii *Patavii,* 1664. — 4 tomes en 1 vol. pet. in-8, vélin.

731. W. Trilleri observationes criticæ in varios græcos et latinos autores. *Francof. ad Mœnum*, 1742, in-8, v. f. fil.

732. Adr. Turnebi adversariorum libri trigenta. *Parisiis*, 1580, 3 tomes en 1 vol. pet. in-fol., v. br., fil.

733. L. C. Valckenarii opuscula philologica critica et oratoria. *Lipsiæ*, 1808, 2 vol. in-8, v. gr. fil.

734. H. Valesii emendationum libri quinque et de criticâ libri duo, edente Burmanno. *Amstelod.*, 1740, in-4, v.

735. P. Victorii variæ lectiones. *Florentiæ, apud Juntas*, 1582, in-fol., d.-rel.

736. Epistolæ vinarienses, in quibus multa græcorum scriptorum loca emendantur, autore G. de Villoison. *Turici*, 1783, in-4, cart.

737. Museum antiquitatis studiorum, opera Frid. Aug. Wolfii et Ph. Buttmanni. *Berolini*, 1808, 2 tomes en 1 vol. in-8, d.-rel.

738. Analecta litteraria, eruditæ antiquitatis litteris et artibus illustrandis, collecta a Fr. A. Wolfio. *Berolini*, 1817, 2 vol. in-8, cart.

739. Bibliotheca critica, edente Wyttenbach. *Amstelod.*, 1779-1808, 3 tomes en 5 vol. in-8, br.

740. Les sentiments de l'Académie françoise sur la tragi-comédie du *Cid*. *Paris, J. Camusat*, 1638, in-8, parch.

Satires. — Sentences. — Adages. — Proverbes. — Ana, Dialogues.

741. Petronii Satyricon, cum notis diversorum, curante Burmanno. *Traj. ad Rhenum*, 1709, in-4, v.

742. Anecdoton ex Petronii satirico, fragmentum. *Lutetiæ*, 1664. == Hadriani Valesii et Wagenseilii de cenâ Trimalcionis dissertationes. 1666. == Marini Statilei responsio ad Wagenseilii et Valesii dissertationes. 1666. == 3 parties en 1 vol. in-8, vélin.

743. Les Césars de l'empereur Julien, trad. du grec, par Spanheim. *Paris*, 1683, in-4, v. fauve.
744. Adagia sive proverbia græcorum, gr. et lat., edente And. Schotto. *Antuerpiæ*, 1612, in-4, vél.
745. Opuscula græcorum veterum sententiosa, gr. et lat., collegit et illustravit C. Orellius. *Lipsiæ*, 1819-21, 2 vol. in-8, d. v. f.
746. Joannis Stobæi collectiones sententiarum. *Venetiis*, 1536, pet. in-4, v. fil. tranche dorée et gaufrée.
747. Jo. Stobæi sermones, gr., edidit N. Schow. *Lipsiæ*, 1797, in-8, v. rac.
  Tome Ier, le seul publié.
748. Mich. Apostolii parœmiæ, gr. et lat. *Lugd. Batav., Elzev.*, 1619, in-4, v. br. fil.
749. Plutarchi apophtegmata, gr. et lat. *Londini*, 1741, gr. in-4, v. éc. fil.
750. Erasmi adagia. *Sumptibus Andr. Wecheli*, 1599, in-fol., v. fauve.
751. De symbolicâ Ægyptiorum sapientiâ, autore Caussino. = Ejusdem polyhistor symbolicus. *Parisiis*, 1618, gr. in-8, parch.
752. Ménagiana, ou les bons mots et remarques critiques de Ménage. *Paris*, 1715, 4 vol. in-12, v. br.
753. Dialoghi piacevoli del sign. Stefano Guazzo. *Venetia*, 1603, pet. in-8, parch.
754. Della famosissima compagnia della lesina, dialogo e ragionamenti. *Venetia*, 1603. = La contralesina. 1604, pet. in-8, parch.

ÉPISTOLAIRES.

755. Basilii, Libanii et aliorum epistolæ, gr. *Venetiis, apud Aldum*, 1499, pet. in-4, d.-rel. avarié.
756. Epistolæ Grecanicæ mutuæ antiquorum eruditorum, gr. et lat. *Aurel. Allobr.*, 1606, in-fol., vélin.
757. Ex græcanicis epistolis selectiores, gr. et lat.

5

BELLES-LETTRES.

Parisiis, apud Guil. Morelium, 1552, pet. in-8, v. rac., et autres pièces dans le même volume.

758. Isocratis, Demetrii Cydone et Michaëlis Glicæ aliquot epistolæ, gr., animadv. adjecit Matthæi. *Mosquæ*, 1776, in-8, d.-rel.

759. Alcyphronis epistolæ, recensuit, versione ac notis illustravit Steph. Bergler. *Lipsiæ*, 1715, pet. in-8, vélin.

760. Libanii epistolæ, gr., edidit, latine convertit et notis illustravit Jo. C. Wolfius. *Amstelod.*, 1738, in-fol. cartonné, n. r.

761. Aristæneti epistolæ, gr. et lat., cum notis variorum, notisque suis instruxit J. Fr. Boissonade. *Lutetiæ, De Bure*, 1822, in-8, d.-rel.

762. Synesii epistolæ, gr. et lat. *Parisiis*, 1605, in-8, parch.

763. Photii epistolæ, gr. et lat. *Londini*, 1651, in-fol., parch.

764. Ciceronis et clarorum virorum epistolæ decem et sex libros comprehensæ, castigatius edidit Jo. Al. Laguna. *Lipsiæ, Goeschen*, 1804, 2 part. en 1 vol. in-4, d.-rel. pap. vélin.

765. Plinii epistolæ et panegyricus, cum adnotationibus perpetuis Matthiæ Gesneri. *Lipsiæ*, 1739, in-8, d.-rel.

766. C. Plinii epistolæ et panegyricus, cum Schœferi adnot., suas addidit Lemaire. *Parisiis*, 1822, 2 vol. in-8, br.

767. Q. Aur. Symmachi epistolæ. *Parisiis*, 1604, pet. in-4, bas.

768. Sidonii Apollinaris epistolæ, cum J. B. Pii Bononiensis commentariis. *Mediolani*, 1498, in-fol., goth. v. fil.

769. Epistolæ clarorum virorum selectæ. *Parisiis, apud Turrisanum*, 1556, pet. in-12, v. br. *avec l'ancre Aldine.*

770. Illustrium virorum epistolæ, quas Politianus in ordinem redegit. *Parisiis, s. a.*, pet. in-4, goth. cart.
— Epistolæ clarorum virorum. *Venetiis, Aldus*, 1556, pet. in-8, cart.

771. Clarorum virorum Theod. Prodromi, Dantis, Petrarchæ, Sadoleti et aliorum epistolæ. *Romæ*, 1754, 2 vol. in-8, v. m.

772. G. Budæi epistolæ. *Lutetiæ*, 1526. — Ejusdem libri duo de philologiâ. *Parisiis, Vascosanus*, 1536, in-fol., vélin.

773. Lettres de critique, de littérature et d'histoire, par G. Cuper. *Amst.*, 1743, in-4, v. m. fig.

774. Tanaquilli Fabri epistolæ. *Salmurii*, 1674, 2 part. en 1 vol. in-4, bas.

775. Gerberti epistolæ. *Parisiis*, 1611, in-4, parch.

776. Hug. Grotii epistolæ ineditæ. *Harlemii*, 1806, in-8, br.

777. Marquardi Gudii epistolæ, curante P. Burmanno. *Hagæ-Comitum*, 1714, in-4, v.

778. Holstenii epistolæ ad diversos, collegit Boissonade. *Parisiis*, 1817, in-8, d. v. ant.

779. Reinesii epistolæ. *Lipsiæ*, 1660, pet. in-4, v.

780. J. Scaligeri epistolæ. *Lugd. Batav., Elzev.*, 1627, in-8, vélin.

781. Epistres françoises des personnages illustres et doctes à Joseph de la Scala (Scaliger), mises en lumière par Jacques de Rèves. *Harderwyck*, 1624, pet. in-8, parch.

POLYGRAPHIE.

Polygraphes anciens et modernes.

782. Plutarchi opera omnia, gr. et lat., annotationibus instruxit J. Reiske. *Lipsiæ*, 1774, 12 vol. in-8, v. jaspé.

68 BELLES-LETTRES.

783. Plutarchi opera, gr., cum animadv. variorum, recensuit Hutten. *Tubingæ*, 1791-1804, 14 vol. in-8, d. v. bleu. *Thouvenin*.

784. Luciani et Philostrati opera, gr. *Venetiis, apud Aldum*, 1503, in-fol., v. fil. *Piqûre de vers dans la marge*.

Dans le même vol. Porphyrii libri de non necandis ad epulandum animantibus, gr. (edidit P. Victorius), *Florentiæ, in off. B. Juntæ*, 1548, in-fol., première édition.

785. Luciani opera, gr. *Haganeæ*, 1526, 2 vol. pet. in-8, d.-rel.

786. Luciani opera, gr. et lat., editionem curavit Hemsterhusius, notasque suas adjecit J. Frid. Reitzius. *Amstelod.*, 1743, 4 tomes en 3 vol. in-4, v. j. fil.

787. Philostratorum quæ supersunt omnia, gr. et lat., recensuit et notis illustravit G. Olearius. *Lipsiæ*, 1709, in-fol., vél. cordé.

788. Hellanici Lesbii fragmenta, commentationem et indices adjecit Frid. G. Sturz. *Lipsiæ*, 1826, in-8, d. v. f.

789. Constantini imperatoris opera, gr. et lat. *Lugd. Batav., Elzev.*, 1617, in-12, parch.

790. Ciceronis opera, ex P. Victorii codicibus descripta. *Parisiis, R. Stephanus*, 1539, 3 part. en 1 vol. in-fol., bas.

791. Ciceronis opera, cum notis variorum. 20 vol. in-8, v. fauve, fil.

Ciceronis orationes. *Amstelod.*, 1699, 6 vol. — Epistolæ ad Atticum, 1684, 2 vol. — Epist. ad familiares, 1693, 2 vol. — Epist. ad Quintum, 1725. — De officiis, 1688. — De oratore, 1732. — Rhetorica, 1764. — Opera philosophica, edente Davisio. *Cantabr.*, 1730-45, 6 vol.

792. Ciceronis opera, recensuit Lallemand. *Parisiis*, 1768, 14 vol. in-12, v. tr. d.

793. Ciceronis opera omnia, ex recensione J. Aug. Ernesti, cum ejusdem notis et clave Ciceroniana. *Halis-Saxonum*, 1774, 8 vol. in-8, d.-rel. n. r.

794. Ciceronis opera, cum notis et indicibus. *Parisiis, Lemaire,* 1827-32, 18 vol. in-8, br.
   Les deux vol. contenant les ouvrages de rhétorique manquent.
795. C. Frontonis opera inedita, commentario illustravit Ang. Maius. *Francof. ad Mœnum,* 1816, in-8, d.-rel.
796. Fr. Petrarchæ opera omnia. *Basileæ,* 1554, 4 part. en 1 vol. in-fol. *reliure en bois.*
797. Laurentii Vallæ opera. *Basileæ,* 1540, in-fol., cartonné.
798. Angeli Politiani opera omnia. *Venetiis, in ædibus Aldi Romani,* 1498, in-fol., v. fauve.
799. Ant. Goveani opera juridica, philol. et philosophica. *Roterodami,* 1766, in-fol., vélin.
800. Hier. Fracastorii opera. *Venetiis, apud Juntas,* 1584, in-4, v.
801. Gyraldi opera. *Lugd. Batav.,* 1696, 2 tomes en 1 vol. in-fol., v. fil.
802. Buchanani opera, curante Rudimanno. *Lugd. Batav.,* 1725, 2 vol. in-4, v. m.
803. Car. Sigonii opera, collegit et notas adjecit Ph. Argelatus. *Mediolani,* 1732-37, 6 vol. in-fol., v. br.
804. Mureti opera. *Veronæ,* 1727, 5 vol. pet. in-8, v. br.
805. Antonii Mureti opera, cum Ruhnkenii notis. *Lugd. Batav.,* 1789, 4 vol. in-8, d.-rel.
806. Petri Pithæi opera. *Parisiis,* 1609, in-4, vélin.
807. Francisci Sanctii opera. *Genevæ,* 1766, 4 vol. in-8, d.-rel. = Sanctii Minerva. *Amstel.,* 1714, in-8, v.
808. Justi Lipsii opera. *Antuerpiæ,* 1611, 8 vol. in-fol., v. fil.
809. J. Meursii opera omnia, recensuit Jo. Lamius. *Florentiæ,* 1741-63, 12 vol. in-fol., v. m.

810. G. Jo. Vossii opera. *Amstel.*, 1701, 6 vol. in-fol., v.
811. OEuvres de Tourreil. *Paris*, 1721, 2 vol. in-4, v.
812. Opere volgari e latine del conte Baldessar Castiglione. *Padova, Comino*, 1733, in-4, v. fil. portr.
813. Gesammelte werke der brüder Ch. und Fried. Leopold, grafen zu Stolberg. *Hamburg*, 1827, 20 vol. in-8, d. v. ant.

Mélanges.

814. Leonis Allatii Symmicta, sive opusculorum græcorum et latinorum vetustiorum ac recentiorum libri duo, edente Nihusio. *Coloniæ Agrippinæ*, 1653, pet. in-8, v.
   Exemplaire de Huet.
815. Anecdota græca, edidit J. B. d'Ansse de Villoison. *Venetiis*, 1781, 2 tomes en 1 vol. in-4, d.-rel.
816. I. Bekkeri anecdota græca. *Berolini*, 1814-28, 3 vol. in-8, v. rac. fil.
817. Anecdota græca, è codicibus Mss. bibl. Reg. Paris., descripsit Lud. Bachmannus. *Lipsiæ*, 1828, 2 vol. in-8, d. v. ant.
818. Mélanges posthumes d'histoire et de littérature orientale, par Abel Rémusat. *Paris*, 1843, in-8, br.

HISTOIRE.

Introduction. — Géographie. — Voyages.

819. G. Jo. Vossii ars historica. *Amstelod.*, *Blaeu*, 1699. = Ejusdem opuscula varii argumenti. 1698, 2 tomes en 1 vol. in-fol. vélin.
820. Dictionarium historicum geograph. et poeticum,

autore Carolo Stephano, recensuit N. Lloydius. *Oxonii*, 1670, in-fol., vélin.

821. Cl. Ptolæmei de geographiâ libri octo, gr. *Parisiis*, 1546, pet. in-fol., parch.

822. Cl. Ptolemæi Alexandrini geographiæ libri octo, gr. et lat. *Hondius excudit*, 1605, gr. in-fol., v. fauve, fil. cartes.

823. Strabonis rerum geographicarum libri XVII, gr. et lat., cum Is. Casauboni commentariis. *Lutetiæ*, 1620, in-fol., d.-rel.

824. Strabonis rerum geographicarum libri XVII, gr. et lat., recensuit et notis illustravit Joh. Siebenkees. *Lipsiæ*, 1796-1818, 7 vol. in-8, d.-rel., v. vert.

825. Strabonis geographia, gr., edidit Coray. *Parisiis*, 1815-19, 4 vol. in-8, d.-rel., v.

826. Stephani Byzantini liber de urbibus et populis, gr. et lat., notis illustr. Berkelius. *Lugd. Batav.*, 1688, in-fol., vél. — Holstenii notæ in Stephanum Byz. 1684, in-fol., v. br.

827. Dionysii orbis descriptio, cum veterum scholiis, et Eustathii commentariis. *Oxoniæ*, 1697, in-8, v.

828. Geographica antiqua; hoc est : Scylacis periplus maris Mediterranei; Anonymi periplus Ponti Euxini..... gr. et lat., edente Jac. Gronovio. *Lugd. Batav.*, 1697, pet. in-4, v.

829. Vetera Romanorum itineraria, sive Antonini Augusti itinerarium; cum notis diversorum; curante P. Wesselingio, qui et suas addidit adnotationes. *Amstel.*, 1735, in-4, v.

830. Cl. Salmasii exercitationes Plinianæ in Solinum. *Parisiis*, 1629, 2 vol. in-fol., v. fil.

831. Salmasii Plinianæ exercitationes in J. Solini polyhistora. *Trajecti ad Rhenum*, 1689, 2 vol. in-fol., vél.

832. Notitia orbis antiqui, collegit Christoph. Cella-

rius, notis illustravit C. Schwartz. *Lipsiæ*, 1731, 2 vol. in-4, v. br.

833. J. D. Michaelis Spicilegium geographiæ Hebræorum exteræ post Bochartum. *Gottingæ*, 1769, in-4, d.-rel.

834. D'Anville. Géographie ancienne abrégée. *Paris*, 1768, 3 vol. in-12, v. cartes.

835. Recherches sur la géographie des anciens, par Gosselin. *Paris*, an VI, 4 tomes en 2 vol. gr. in-4, v. cartes.

836. Geographie der Griechen und Romer, aus ihren schriften dargestellt, von Konrad Mannert. *Nürnberg*, 1799-1825, 10 tomes en 14 vol. in-8, d.-rel., v. ant. *Thouvenin*.

837. Atlas major, sive cosmographia Blaviana. *Amstelod.*, *Blaeu*, 1665, 5 part. en 11 vol. gr. in-fol. vélin, dent. tr. d. fig. et cartes coloriées.

838. Voyage de Néarque, des bouches de l'Indus jusqu'à l'Euphrate, trad. de W. Vincent, par Billecocq. *Paris*, 1800, gr. in-4, br.

839. G. Dousæ de itinere suo Constantinopolitano epistola. *Lugduni Batavorum*, 1599. = Rutilii Numatiani itinerarium. *Lugd.*, 1616, 2 ouvr. en 1 vol., pet. in-8, parch.

<small>Le voyage de G. Dousa est une relation épigraphique et archéologique, dans laquelle l'auteur rend compte de tout ce qui l'avait frappé pendant un séjour de sept mois à Constantinople. Il donne d'anciennes inscriptions inédites.</small>

840. Relation des voyages de M. de Brèves faits en Hierusalem, terre saincte, etc. *Paris*, 1630, in-4, v.

841. P. Gyllii de Constantinopoleos topogr. libri IV. *Lugd. Batav.*, *Elzev.*, 1632, in-24, vélin. = Busbequii epistolæ. *Elzev.*, 1633, in-24, vél.

842. The third and last volume of the voyages, navigations, and discoveries of the english nation, to all parts of the new found world of America, etc.,

collected by R. Hakluit. *London*, 1600, in-fol., goth. v. fauve, fil.

843. Relation de plusieurs voyages faits en Hongrie, en Servie, etc., trad. de l'angl. d'Éd. Brown. *Paris*, 1674, pet. in-4, cartonné.

844. Voyages de Bernier au Mogol. *Amst.*, 1710, 2 vol. in-12, v. fig.

845. Relation d'un voyage au Levant, par Pitton de Tournefort. *Lyon*, 1727, 3 vol. in-8, v. br. fig.

846. Travels in Greece, by R. Chandler. *Oxford*, 1776. = Travels in Asia minor, by the same, 1775. — 2 vol. in-4, br. en carton.

847. A journey to two of the Oasis of upper Egypt. *London, Murray*, 1822, gr. in-8, fig., broch. en carton.

Chronologie. — Histoire universelle.

848. Eusebii chronicorum canonum libri duo, gr. et lat., edidit Zohrabus. *Mediolani*, 1818, gr. in-4, br.

849. Thesaurus temporum, Eusebii chronicorum canonum libri II, gr. et lat., operâ et studio Jo. Scaligeri. *Amstelod.*, 1658, in-fol., vélin.

850. Lydi opusculum de mensibus et fragmentum de terræ motibus. Græce edidit et argumenta adjecit Schow. *Lipsiæ*, 1794. = Anaxagoræ Clazomenii fragmenta; commentario illustrata a Schaubach. *Lipsiæ*, 1827. = Pherecydis fragmenta; notas adjecit Sturz. *Geræ*, 1788. = 3 parties en 1 vol. in-8, cart.

851. D. Petavii opus de doctrinâ temporum. *Antuerpiæ*, 1605, 3 tomes en 1 vol. gr. in-fol., vélin.

852. J. Scaligeri opus de emendatione temporum. *Genevæ*, 1629, in-fol., vélin.

853. Sam. Petiti eclogæ chronologicæ, in quibus de

variis annorum Iudæorum, Græcorum... cyclis, disputatur. *Parisiis*, 1632, pet. in-4, v. fauve.

854. De veteribus Græcorum Romanorumque cyclis, ab H. Dodwello. *Oxonii*, 1701, in-4, v.

855. L'antiquité des temps rétablie et défendue contre les juifs et les nouveaux chronologistes, par Pezron. *Paris*, 1704, in-12, d.-rel.

856. Lud. du Four de Longuerue dissertationes de variis epochis et anni forma veterum orientalium; De vitâ S. Justini; De Athenagorâ, etc... *Lips.*, 1750, pet. in-4, v.

857. Ed. Simsonii chronicon historiam catholicam complectens, recensuit P. Wesseling. *Amstelod.*, 1752, in-fol. vélin doré.

858. Défense de la chronologie fondée sur les monuments de l'hist. ancienne, contre le système chronol. de Newton. *Paris*, 1758, in-4, v.

859. Jo. M. Lorenz tabulæ temporum fatorumque orbis terræ. *Argentor.*, 1770, in-fol., cart.

860. Abrégé chronol. de l'hist. universelle, par le P. Pétau. *Paris*, 1683, 2 vol. in-12, maroq. r.

Histoire des religions.

861. Usserii annales veteris et novi testamenti, à primâ mundi origine deducta ad extr. Reipub. judaicæ excidium. *Lutetiæ*, 1673, in-fol. v. br.

862. Eusebii Pamphili, Socratis, Theodoreti, Sozomeni et Evagrii historia ecclesiastica, gr. *Lutetiæ*, R. *Stephanus*, 1544, in-fol., v. br. fil. = Eusebii præparatio et demonstratio evangelica. gr. *Lutetiæ*, R. *Steph.*, 1544-45, 2 part. en 1 vol. in-fol., v. br., fil.

863. Eusebii Pamphili, Socratis, Theodoreti, Sozomeni et Evagrii historia ecclesiastica, gr. et lat., notis illustravit H. Valesius et novas elucidationes

adjecit G. Reading. *Cantabrigiæ*, 1720, 3 vol. in-fol., v. fauve, fil.
  Exemplaire en grand papier.

864. Oriens Christianus, in quatuor patriarchatus digestus; quo exhibentur ecclesiæ et patriarchæ totius Orientis; studio et opera Michaëlis le Quien. *Paris., typogr. Regia*, 1740, 3 vol. in-fol., v. m.

865. Leonis Allatii de ecclesiæ occidentalis atque orientalis perpetuâ consensione libri tres. *Coloniæ, Agrippinæ*, 1648, in-4, v.

866. Is. Casauboni exercitationes de rebus sacris et ecclesiasticis. *Londini*, 1614, in-fol., v. br.

867. Jo. Sleidani de statu religionis et reipublicæ, Carolo quinto cæsare, commentarii. *Argentorati*, 1555, in-fol., v. fauve, fil. tr. d.

868. Acta primorum martyrum, opera et studio Th. Ruinart. *Parisiis, Muguet*, 1689, in-4, v.

869. Vies des saints, en grec moderne, trad. du grec littéral des Synaxarions, par Maxime l'Humble, évêque de Cythère. *Venise*, 1603, in-4, v. fil.

870. Platinæ de vitis pontificum historia. — Ejusdem de falso et vero bono. *Venetiis*, 1518, in-fol. goth., cartonné.

871. Histoire de l'Eglise, par Godeau. *Suivant la copie impr. à Paris*, 1680, 6 vol. in-12, vélin.

872. Histoire de l'Eglise, par l'abbé de Choisy. *Paris*, 1740, 11 vol. in-4, v.

873. Du père Maimbourg : Histoire des iconoclastes. *Paris*, 1675, 2 vol. == Hist. de l'aranianisme. 1678, 3 vol. == Hist. du lutheranisme. 1680, 2 vol. == Hist. du calvinisme. 1682. 2 vol. == Histoire de la ligue. 1683, 2 vol. == Ensemble 11 vol. in-12, v. br.

874. Geschichte der religion Jesu Christi, von Frid. Leopold, grafen zu Stolberg. *Hamburg*, 1806-1818, 15 vol. in-8, v. rac.

875. La vie du cardinal J. Fr. Commendon, écrite en latin par Gratiani, et tr. en fr. par Fléchier. *Paris, Cramoisy*, 1671, in-4, v. fauve.

876. Histoire du pape Pie VII, par Artaud *Paris*, 1837, 2 vol. in-8, d.-rel.

Histoire des religions de l'antiquité (mythologie).

877. Historiæ poeticæ scriptores antiqui, gr. et lat., edidit Th. Gale. *Parisiis*, 1675, pet. in-8, v.

878. Opuscula mythologica, physica et Ethica, gr. et lat. ex recensione Th. Gale. *Amstelod.*, 1688, in-8, v.

879. Palæphati liber de incredibilibus. gr. notis et indicibus illustravit Fischer. *Lipsiæ*, 1788, in-8, br.

880. Apollodori bibliotheca, sive de Deorum origine, gr. et lat. *Romæ, in œdibus Ant. Bladi*, 1555, pet. in-8, d.-rel.
  Première édition.

881. Apollodori bibliothecæ libri tres et fragmenta. gr.; curis secundis illustravit Ch. Heyne. *Gottingæ*, 1803, 2 vol. in-8, br. papier vélin.

882. Philostrati heroïca, gr. et lat.; recensuit, scholia græca adnotationesque suas addidit Boissonade. *Parisiis*, 1806, in-8, v. fil.

883. Auctores mythographi latini, cum notis diversorum, curante Van Staveren. *Lugd. Batav.*, 1742, in-4, v. m.

884. Sibyllina oracula, gr. et lat., à Jo. Opsopæo illustrata. *Parisiis*, 1607, in-8, v.

885. Jo. Seldeni de diis syris syntagmata duo. *Amstelod.*, 1680, pet. in-8, vélin.

886. Symbolica Dianæ Ephesiæ statua, à Cl. Menetreio exposita. *Romæ*, 1688. — P. Bellorii numismata apibus insignita. — 2 part. en 1 vol. in-fol., cart., fig.

HISTOIRE. 77

887. Jo. Vossii de theologiâ gentili libri IX, sive de origine ac progressu idolatriæ. *Amstelod.*, 1700, in-fol., vél.

888. J. Christ. Struchtmeyeri theologia mythica, sive de origine Tartari et Elysii libri V. *Hagæ-Comitum*, 1753, in-8, v. fauve.

889. Aglaophamus, sive de Theologiæ mysticæ Græcorum causis libri tres, scripsit Aug. Lobeck. *Regimontii Prussorum*, 1829, 2 vol. in-8, d.-rel.

890. Hermanni Disputatio de vestigiis institutorum veterum. *Marburgi*, 1836. = Hertzberg. De Diis Romanorum patriis. *Halæ*, 1840. = De Deâ Angeronâ; autore van Ulict. *Trajecti Batavorum*, 1776. = 3 vol. in-4 et in-8, fig.

891. Recherches historiques et critiques sur les mystères du paganisme, par de Sainte-Croix. *Paris, De Bure*, 1817, 2 vol. in-8, d.-rel.

892. Du polythéisme romain, par Benj. Constant. *Paris*, 1833, 2 vol. in-8, cart.

893. Histoire de la destruction du paganisme en Occident, par Arthur Beugnot. *Paris, F. Didot*, 1835, 2 vol. in-8, d.-rel., v. vert.

894. Mémoire sur la déesse Vénus, auquel l'académie des inscriptions a adjugé le prix en 1775, par Larcher. *Paris*, 1776, in-12, bas.

895. Félix Lajard. Recherches sur le culte de Vénus en Orient et en Occident, gr. in-4 br. = Hercule Robert : De la Vénus de Quimpilly, de la Vénus de Milo et de celle de Cnide. *Paris*, 1845, in-8, br.

896. Recherches sur le culte de Bacchus, par Rolle. *Paris, Merlin*, 1823, 3 vol. in-8, d. v. f.

897. Essai sur les mystères d'Eleusis, par Ouvarof. *Paris*, 1816, in-8, d.-rel., v.

898. Vulcain. Recherches sur ce Dieu, par Emeric David. *Paris*, 1838, in-8, br., fig.

78 HISTOIRE.

899. Religion der Karthager, von Münter. *Kopenhagen*, 1824, pet. in-4, br.

900. Le réveil de Chyndonax, prince des Vacies, druides celtiques (par Guenebauld). *Dijon*, 1621, pet. in-4, fig. v.

HISTOIRE ANCIENNE.

Histoire des Juifs, des Égyptiens, des Phéniciens, etc.

901. Flavii Josephi opera; gr. et lat., notis illustravit Hudson. *Oxonii*, 1720, 2 vol. in-fol., d.-rel.
    Exemplaire en grand papier.

902. Flavii Josephi opera omnia, gr. et lat., cum notis J. Hudsoni, notasque suas adjecit Sig. Havercampus. *Amstel.*, 1726, 2 vol. in-fol., vélin.

903. Nouvelle traduction de l'historien Joseph, faite sur le grec, par le P. Gillet. *Paris*, 1766, 4 vol. in-4, v. éc. fil.
    Exemplaire en grand papier.

904. Adr. Relandi Palæstina, ex monumentis veteribus illustrata. *Traj. Batav.*, 1714, 2 vol. pet. in-4, v. fig.

905. Histoire des Juifs, par Prideaux. *Amst.*, 1722, 5 vol. in-12, vélin.

906. Mœurs des Israélites et des Chrétiens, par l'abbé Fleury. *Paris*, 1754, 2 vol. in-12, v. fauve.

907. Sanchoniatho's Phœnician history, translated from the first book of Eusebius: de præparatione evangelica; by Cumberland. *London*, 1710, in-8, v.

908. Sanchuniathon's urgeschichte der Phœnizier; nebst bemerkungen von Wagenfeld. *Hanover*, 1836, in-8, br.

909. Justini historiæ, notas adjecit E. Lemaire. *Parisiis*, 1823, in-8, br.

HISTOIRE. 79

910. Pauli Orosii adversùs paganos historiarum libri septem. *Coloniæ,* 1561, pet. in-8, v.

911. Jac. Perizonii origines Ægyptiacæ et Babylonicæ. *Traj. ad Rhenum,* 1736, 2 vol. pet. in-8, vélin.

912. Ægyptiaca, seu veterum scriptorum de rebus Ægypti commentarii et fragmenta, gr. collegit And. Stroth. *Gothæ,* 1782-84, 2 part. en 1 vol. in-8, d.-rel.

913. Recherches pour servir à l'histoire de l'Égypte pendant la domination des Grecs et des Romains, tirées des inscriptions, par M. Letronne. *Paris,* 1823, in-8, v. rac.

914. Brissonii de regio Persarum principatu libri tres; notis et indicibus adjecit J. H. Lederlinus. *Argentorati,* 1710, pet. in-8, v. fauve.

915. Dictys Cretensis et Dares Phrygius de bello Trojano, cum interpretatione Annæ Daceriæ; in usum Delphini. *Amstel.,* 1702, in-8, v.

916. De l'état et du sort des colonies des anciens peuples (par de Sainte-Croix). *Philadelphie (Paris),* 1779, in-8, v. fil.

Histoire grecque.

917. Pausaniæ Græciæ descriptio, gr. et lat., cum notis J. Kuhnii. *Lips.,* 1696, in-fol., vél.

918. Pausaniæ Græciæ descriptio, gr. et lat., recensuit Facius. *Lipsiæ,* 1794, 4 vol. in-8, v.

919. Pausaniæ Græciæ descriptio; edidit, latinam interpr. et adnotationes adjecit G. Siebelis. *Lipsiæ,* 1822-28, 5 tomes en 4 vol. in-8, d.-rel. v.

920. Selecta principum historicorum, gr. edidit Wyttenbach. *Amstel.,* 1794, in-8, br.

921. Historicorum Græcorum fragmenta, collegit Frid.

Creuzer (Hecatæi, Charonis et Xanthi historica). *Heidelbergæ*, 1806, in-8, d.-rel.

922. Herodoti historiarum libri IX, gr. et lat., editionem curavit et notas adjecit P. Wesselingius. *Amstelod.*, 1763, 1 tome en 2 vol. in-fol., br. en carton, n. r.

923. Herodoti historiarum libri IX, gr. edidit Reizius. *Lipsiæ*, 1807, 2 vol. in-8, v. rac.

924. Herodoti Musæ, ad veterum codicum fidem denuò recensuit, interpr. latinâ, adnotationibus Wesselingii aliorumque et suis illustravit Jo. Schweighæuser. *Argentorati*, 1816, 6 vol. in-8, d. v. f. Thouvenin.

925. Histoire d'Hérodote, texte grec, avec des notes par Gail. *Paris*, 1821, 2 vol. in-8, papier vél., v. rac. fil. fig.

926. Histoire d'Hérodote, traduite du grec, avec des remarques, par Larcher. Nouvelle édition. *Paris, De Bure*, 1802, 9 vol. in-8, bas.

927. P. Wesselingii dissertatio herodotea. *Traj. ad Rh.*, 1758, in-8, vélin.

928. Recherches et dissertations sur Hérodote, par le président Bouhier. *Dijon*, 1746, in-4, bas. portrait.

929. Thucydides, gr. *Venetiis, Aldus*, 1502, in-fol., v. rac. fil.
Première édition.

930. Thucydidis de bello Peloponn. libri octo, gr. et lat., cum notis eruditorum, editionem curavit, suasque animadv. adjecit Dukerus. *Amstelod.*, 1731, in-fol., bas.

931. Thucydidis de bello Peloponnesiaco libri octo, gr. et lat., cum varietate lectionis et annotationibus. *Biponti*, 1788, 6 vol. in-8, v. rac.

932. Thucydidis de bello Peloponnesiaco libri octo, gr. et lat., cum Gottleberi et Baveri animadversionibus. *Lipsiæ*, 1790, 2 vol. in-4, d.-rel.

933. Thucydidis de bello Peloponnesiaco libri octo, gr. et lat., ex recensione Bekkeri. *Oxonii*, 1821, 4 vol. in-8, cart.
934. Histoire grecque de Thucydide, avec la traduction latine et des notes, par Gail. *Paris*, 1807, 7 vol. in-4, br.
935. Thucydides, gr., cum versione græcâ vulgari, notis et indice; opera Neophyti Ducæ. *Viennæ*, 1805, 10 vol. gr. in-8, d. v. f.
936. Xenophontis quæ extant opera, gr. et lat. *Excudebat H. Stephanus*, 1581, in-fol., vélin, fil.
937. Xenophontis opera, gr. cum notis Jo. Schneideri. *Lipsiæ*, 1791-1800, 6 vol. in-8, bas.
938. Xenophontis de Cyri expeditione commentarii, recensuit G. Schneider. *Lipsiæ*, 1806, in-8, v. fil. = Ejusdem œconomicus, etc., recensuit Schneider. *Lipsiæ*, 1805, in-8, v. fil.
939. Diodori Siculi bibliotheca historica, gr. et lat.; H. Stephani, Valesii et suas annotationes, cum indicibus adjecit P. Wesselingius. *Amstelod., apud Wetstenium*, 1746, 2 vol. in-fol., vélin cordé.
940. Diodori bibliotheca historica; edidit L. Dindorf. *Lipsiæ*, 1826, 4 vol. in-12, d.-rel., v. f.
941. Gemistus Pletho, Herodianus, et enarratiunculæ antiquæ, gr. *Venetiis, Aldus*, 1503, in-fol., v. br.
Voyez le Manuel, tome 2, page 379.
942. Arriani expeditionis Alexandri libri septem, et historia indica, gr. et lat., cum notis et indice græco G. Raphelii. *Amstel.*, 1757, gr. in-8, v. fil.
943. Quintus Curtius. *Ex officina Elzeviriana*, 1633, pet. in-12, v.
944. Quintus Curtius, cum notis variorum, suas adjecit Lemaire. *Parisiis*, 1822, 3 vol. in-8, br. fig.
945. Examen critique des historiens d'Alexandre, par Sainte-Croix. *Paris*, 1810, in-4, fig. br. en carton.
946. Palmerii a Grantemesnil descriptio Græciæ anti-

quæ. *Lugd. Batav.*, 1678, pet. in-4, vél. = Ejusdem exercitationes in autores græcos. *Traj. ad Rh.*, 1694, pet. in-4, vél.

947. Vetus Græcia illustrata, studio et operâ Ubbonis Emmii. *Lugd. Batav.*, 1626, 3 tomes en 2 vol. pet. in-8, vélin.

948. Jo. Meursii regnum Atticum, sive de regibus Atheniensium libri tres. *Amstelod.*, 1634, pet. in-4, v. fil.

949. Eduardi Corsini fasti Attici, in quibus archontum Atheniensium series, philosophorum, aliorumque illustrium virorum ætas, atque præcipua Atticæ historiæ capita per Olympicos annos disposita describuntur. *Florentiæ*, 1744, 4 tomes en 3 vol. in-4, bas.

950. H. Clintonis fasti Hellenici, recensuit Krueger. *Lipsiæ*, 1830, in-4, d. mar.

951. The history of ancient Greece, by John Gillies. *London*, 1786, 2 vol. in-4, d.-rel.

Histoire romaine.

952. Dionysii Halicarnassensis opera, gr. et lat., cum annotationibus Reiskii et aliorum. *Lipsiæ*, 1774, 6 vol. in-8, maroq. rouge.

953. Dionysii Halycarnassei romanarum antiquitatum pars hactenus desiderata, ab Ang. Maio restituta. *Mediolani*, 1816, gr. in-4, d.-rel.

954. Titi Livii historiarum libri qui supersunt, omnes; cum notis diversorum, curante Drakenborch, qui et suas adnotationes adjecit. *Lugd. Batav.*, 1738, 7 vol. in-4, v. m. dent.

955. Titi Livii historia Romana, recensuit Lallemand. *Parisiis, Barbou*, 1775, 7 vol. in-12, v. m. fil. tr. d.

956. Titus Livius, cum selectis commentariis, curante

Lemaire. *Parisiis*, 1822-25, 12 tomes en 13 vol. in-8, br.

957. Gronovii notæ ad Titum Livium. *Lugd. Batav.*, *Elzev.*, 1645, pet. in-12, vélin.

958. Annæi Flori epitome rerum romanarum, cum notis variorum, recensuit Dukerus. *Lugd. Batav.*, 1744, in-8, vélin.

959. Velleii Paterculi historia romana, cum integris animadv. doctorum, curante Ruhnkenio. *Lugd. Batav.*, 1779, 2 vol. in-8, bas.

960. Velleius Paterculus, notas adjecit Lemaire. *Parisiis*, 1822, in-8, br. — Florus, edidit Lemaire, 1827, in-8, br.

961. Aurelii Victoris historia romana, cum notis diversorum, curante Arntzenio. *Amstelod.*, 1733, in-4, v. f.

962. Polybii historiarum quidquid superest; gr. et lat., recensuit, adnotat. et indicibus illustravit Joannes Schweighæuser. *Lipsiæ*, 1789-95, 8 tomes en 9 vol. in-8, d.-rel.

963. Polybii, Diodori Siculi, Dionysii Halicarnass. excerpta ex collectaneis Constantini Porphyr., gr. et lat., notis illustr. Valesius. *Parisiis*, 1634, in-4, vélin.

964. Appiani romanarum historiarum quæ supersunt, gr. et lat., adnotationibus variorum suisque illustravit Joh. Schweighæuser. *Lipsiæ*, 1785, 3 vol. in-8, bas.

965. Sallustii quæ exstant, recensuit et notis illustravit G. Cortius. *Lips.*, 1724, in-4, v. fauve.

966. Sallustii quæ extant, cum notis diversorum, cura Sig. Havercampi. *Amstelod.*, 1742, 2 vol. in-4, v. fauve, fil.

967. Sallustius, ad codices parisinos recensitus, cum novis commentariis, curante Burnouf. *Parisiis, Lemaire*, 1821, in-8, fig. v. rac.

968. Histoire de la république romaine, par Salluste, rétablie et composée sur les fragments qui sont restés de ses livres perdus, par le président De Brosses. *Dijon*, 1777, 3 vol. in-4, d.-rel.

969. Cæsaris commentarii. *Lugd. Batav.*, 1740, pet. in-8, v. fauve. = Sallustii historiæ. *Edinb.*, 1755, pet. in-8, v. fauve.

970. C. J. Cæsar, eruditorum notis quibus suas adjecerunt L. Achaintre et E. Lemaire. *Paris.*, 1819-22, 4 vol. in-8, br., fig.

971. Taciti opera, cum animadv. Th. Ryckii. *Lugd. Batav.*, 1687, 2 vol. in-12, v. fil.

972. Taciti opera, supplementis ac notis illustravit Gab. Brotier. *Paris., Delatour*, 1776, 7 vol. in-12, v. fauve.

973. C. Taciti opera, ex recensione Jo. Ernesti, denuo curavit Oberlinus. *Lips.*, 1801, 4 vol. in-8, bas.

974. C. Tacitus, postremo publicavit J. Oberlin, annotationes variorum subjunxit J. Naudet. *Paris., Lemaire*, 1819-20, 5 tomes en 6 vol. in-8, br.

975. Tacite, trad. par Dureau de Lamalle. *Paris*, 1790, 3 vol. in-8, v.

976. Suetonius, ex recens. et cum animadv. Aug. Ernesti. *Lips.*, 1775, in-8, d.-rel.

977. Suetonii opera edidit Wolfius. *Lips.*, 1802, 4 v. in-8, br.

978. Suetonii duodecim Cæsares, annot. variorum novisque illustravit B. Hase. *Paris., Lemaire*, 1828, 2 vol. in-8, br. fig.

979. Dionis. Cassii historia Romana, gr. et lat., cum Alb. Fabricii et aliorum notis, annotationes suas et indices adjecit S. Reimarus. *Hamburgi*, 1750, 2 vol. in-fol., v. rac., fil.

980. Herodiani historiæ, gr., ex recensione Frid. Wolfii. *Halis*, 1792, pet. in-8, d.-rel.

981. Zozimi historiæ, gr. et lat., commentario illustravit Joh. Reitemeier; notas adjecit Heyne. *Lips.*, 1784, in-8, d.-rel.

982. Ammianus Marcellinus, cum notis H. Valesii. *Paris.*, 1636, pet. in-4, v.

983. Historiæ Augustæ scriptores, cum notis variorum; curante Schrevelio. *Lugd. Batav.*, 1661, in-8, v. br.

984. Onuphrii fastorum libri V. *Heidelbergæ*, 1588, in-fol., v. dent.

985. Onuphrii Panvinii Reipubl. Romanæ commentariorum libri tres. *Francof.*, 1597, in-fol., v. fauve, fil.

986. Jansonii ab Almeloveen fasti consulares. *Amstel.*, 1740, in-8, v.

987. La République romaine, ou plan général de l'ancien gouvernement de Rome, par M. de Beaufort. *La Haye*, 1766, 2 vol. in-4, v. m.

988. Histoire des empereurs, par Lenain de Tillemont. *Paris*, 1720, 6 vol. in-4, v.

989. The history of the progress and termination of the Roman republic, by Adam Ferguson. *Basil.*, 1791, 6 vol. in-8, v. rac.

990. Romische Geschichte, von Niebuhr. *Berlin*, 1811, 2 vol. in-8, d.-rel.

991. Epitome de l'histoire particulière des familles romaines, par Cœur-Blondel. *Paris*, 1613, pet. in-8, parch.

Histoire byzantine.

992. Hankii de byzantinarum rerum scriptoribus græcis liber. *Lips.*, 1677, in-4, v. fauve.

993. Nic. Acominatus, gr. et lat. *Paris., typogr. R.*, 1647, in-fol. bas. fleurdelisée. — G. Acropolita, gr. et lat. 1651, in-fol., gr. pap. v. br.

994. Agathiæ de imperio et rebus gestis Justiniani

imperatoris libri quinque, gr. et lat. *Paris.*, *typogr. Regia*, 1660, in-fol., gr. pap. v. br.

995. Anastasii bibliothecarii historia ecclesiastica. — Ejusdem de vitis Romanorum pontificum historia, cum notis Caroli Fabrot. *Paris.*, *typogr. Regia*, 1649, in-fol., gr. pap., v. br.

996. Jo. Cantacuzeni historiarum libri quatuor, gr. et lat. *Paris.*, *typ. Regia*, 1645, 3 vol. in-fol., gr. pap. v. fauve.

997. G. Cedreni compendium historiarum, gr. et lat. *Typogr. Regia.* 1647, 2 vol. in-fol., gr. pap., v. fil.

998. L. Chalcondilæ historiarum libri decem., gr. et lat. *Typogr. Regia*, 1650, in-fol. gr. p. v. br. — Annæ Comnenæ Alexias, gr. et lat. 1651, in-fol. gr. p. bas. fleurdelisée.

999. Chronicon orientale, ab Abr. Ecchellensi latinitate donatum. *Paris.*, *typogr. Regia*, 1685, in-fol., v. br.

1000. Chronicon paschale à mundo condito ad Heraclium, gr. et lat., studio Caroli Dufresne Du Cange. *Parisiis*, 1688, in-fol., gr. pap., v. m.

1001. Chronicon Alexandrinum idemque astronomicum et ecclesiasticum, gr. et lat., studio Raderi. *Monachii*, 1615, pet. in-4, parch.

1002. Jo. Cinnami historiarum libri sex, gr. et lat., edidit Dufresne Du Cange. *Typogr. Regia*, 1670, in-fol., gr. p. v.

1003. G. Codinus. De officiis magnæ ecclesiæ, gr. et lat. *Typ. Regia*, 1648, in-fol., v. br., gr. pap. — G. Codini excerpta de antiquit. Constantinopolitanis, gr. et lat. 1655, in-fol., gr. pap., v. fauve, fil.

1004. Georgii Syncelli chronographia, ab Adamo usque ad Diocletianum, gr. et lat. *Typ. Reg.*, 1652, in-fol., gr. pap., bas. fleurdelisée.

1005. Jo. Genesii de rebus Constantinopolis à Leone Armenio ad Basilium Macedonem libri quatuor, nùnc primùm editi, gr. et lat. *Venet., Rasquali*, 1733, in-fol., v.

1006. Nicephori Gregoræ byzantina historia, gr. et lat. *Paris.*, *typ. R.*, 1702, 2 tomes en 1 vol. in-fol., v. m., fig.

1007. Historia Byzantina duplici commentario illustrata, autore Carolo Dufresne, domino Du Cange. *Lutetiæ*, 1682, in-fol., v. fig.

1008. Leonis Diaconi historia, gr. et lat., notis illustravit C. B. Hase. *Typ. Regia*, 1819, in-fol., d.-rel.

1009. Const. Manassis breviarium historicum, gr. et lat. *Paris., typ. R.*, 1655, in-fol., gr. p. v. fauve, fig.

1010. G. Pachymeris historia rerum à Michaele Palæologo gestarum, gr. et lat., edente P. Possino. *Romæ*, 1666, in-fol., gr. pap. maroq. rouge. == Ejusdem Andronicus Palæologus, gr. et lat. *Romæ*, 1669, in-fol., gr. pap., v. br.

1011. Procopii Cæsariensis opera omnia, gr. et lat. *Paris., typogr. Regia*, 1662-63, 2 vol. in-fol., gr. pap. v. br.

1012. Theophanis chronographia, gr. et lat., recensuit Fr. Combefis. *Paris., typogr. R.*, 1655, in-fol., gr. pap. v. br. — Hist. Byzantinæ scriptores post Theophanem. 1685, in-fol., gr. pap. v. br.

1013. Theophylactus Simocatta, gr. et lat. *Typogr. Regia*, 1647. — De Byzantinæ historiæ scriptoribus, autore Ph. Labbe. 1648. — 2 vol. in-fol., gr. pap. v. fauve; *piqués*.

1014. Theophylacti institutio regia, gr. et lat. *Paris., typog. Regia*, 1651, in-4, v.

1015. Jo. Zonaræ annales, gr. et lat., notis illustravit Car. Dufresne Du Cange. *Paris., typogr. Regia*, 1636, 2 vol. in-fol., gr. pap. v. m.

1016. Histoire de l'empire de Constantinople, sous les empereurs français, écrite par Geoffroy de Ville-Hardouin; publiée par Dufresne Du Cange. *Paris*, impr. Roy., 1657, in-fol., v.

1017. The history of the decline and fall of the Roman Empire, by Ed. Gibbon. *London*, 1776-88, 6 vol. gr. in-4, v. fil.

HISTOIRE MODERNE.

1018. Recueil des historiens des croisades (historiens occidentaux). Tome 1er en 2 parties. *Paris*, 1844, 2 vol. in-fol., rel. et br.

1019. Jac. Aug. Thuani historia sui temporis. *Londini*, 1733, 7 vol. in-fol., v.

1020. Histoire universelle de J. Aug. de Thou. *La Haye*, 1740, 11 vol. in-4, v.

1021. Recueil des historiens des Gaules et de la France, tome 20, publié par MM. Daunou et Naudet. *Paris, impr. Royale*, 1840, in-fol., d.-rel.

1022. Histoire des Celtes, et particulièrement des Gaulois et des Germains, par Pelloutier. *Paris*, 1770, 8 vol. in-12, v. m.

1023. Chroniques d'Enguerran de Monstrelet (édition revue par Denys Sauvage). *Paris, G. Chaudière*, 1572, 3 tomes en 2 vol. in-fol., v.

1024. Les recherches de la France, par Estienne Pasquier. *Paris*, 1643, in-fol., parch.

1025. Recueil des Roys de France, leur couronne et maison, ensemble le rang des grands de France, par J. du Tillet. *Paris, J. du Puys*, 1580, in-fol., parch. fig. et blasons.

1026. Les Mémoires et Recherches de J. Du Tillet, contenant plusieurs choses mémorables pour l'intell. de l'état des affaires de France. *Rouen*, 1578, in-fol., parch.

1027. Histoire des chancelleries et gardes des sceaux de France, par François Duchesne. *Paris*, 1680, in-fol., v. br., blasons.

1028. Histoire de saint Louis, par Jehan sire de Joinville, publiée d'après les Mss. de la Biblioth. du Roi (par Capperonnier). *Paris, impr. Royale*, 1761, in-fol., maroq. rouge.

1029. Les Mémoires de Martin et Guillaume du Bellay. *Paris*, 1572, in-fol., v.

1030. Mémoires ou économies royales d'État, de Henri le Grand, par Max. de Béthune, duc de Sully. *Amst.*, 1725, 12 vol. pet. in-12, v.

1031. Mémoires de madem. de Montpensier. *Maestrecht*, 1776, 8 vol. in-12, v.

1032. Histoire de Berry, contenant l'orig., antiquités, gestes et priviléges des Berruyers, avec la description dudit pays, par Chaumeau de Lassey. *Lyon, Gryphius*, 1566, in-fol., v. br., fig. et blasons.

1033. Recherches historiques sur la ville de Séez, par Maurey d'Orville. *Caen*, 1828, in-8, br. fig.

1034. Histoire de saint Martin du Tilleul, par un habitant de cette commune (A. Le Prévost). *Paris, Crapelet*, 1848, gr. in-8, pap. vél., br., cartes et armoiries.

1035. Petri Bembi historia Veneta et epistolæ. *Basileæ*, 1567, 3 vol. pet. in-8, vél. bl. tr. d.

1036. Jo. Miltoni pro populo anglicano defensio contra Salmasii defensionem regiam. *Londini*, 1651, pet. in-12, parch. — Defensio regia, pro Carolo primo (autore Salmasio). 1649, pet. in-12, v. br.

1037. Fortan. Historia de las guerras civiles de Grenada. *Paris*, 1606, in-8, parch.

1038. Geschichte des Osmanischen reiches, durch Joseph Hammer. *Pest*, 1827-29, 4 vol. gr. in-8, d. v. ant.

1039. Description en figures de la fête qui a été célébrée le 5 février 1626, à l'occasion du mariage du czar Michel Fédorowitz avec la princesse Eudoxie Strechneff. *Moscou*, 1810, in-4, v.

Soixante planches coloriées, d'après un ancien ms., avec leur explication en langue russe. Deux planches manquent.

1040. Histoire d'Arménie, par Jean Catholicos, trad. de l'arménien par Saint-Martin. *Paris*, 1841, in-8, broch.

1041. Bibliothèque orientale, par d'Herbelot. *Paris*, 1697, in-fol., v.

1042. The history of the Saracens, by Simon Ockley. *London*, 1718, 2 vol. in-8, v.

1043. Mémoires géogr. et historiques sur l'Égypte, par Ét. Quatremère. *Paris*, 1811, 2 vol. in-8, br.

1044. Et. Quatremère. Mémoire sur les Nabatéens. *Paris*, 1835, in-8, br. = Mémoire sur le Kitab-Alagani ou Recueil de chansons. *Paris*, 1837, in-8, br.

1045. Ed. Biot. Mémoire sur les colonies militaires et agricoles des Chinois. *Paris*, 1850, in-8, br.

ARCHÉOLOGIE.

1046. Thesaurus antiquitatum Romanarum, congestus ab Alberto de Sallengre. *Hagæ-Comitum*, 1716, 3 vol. in-fol., v. br.

1047. Archæologia græca; or the antiquities of Greece, by John Potter. *London*, 1775, 2 vol. in-8, v.

1048. Antiquitates Asiaticæ christianam æram antecedentes, notis illustravit Edmundus Chishull. *Londini*, 1728, in-fol., cartonné.

1049. Julii Pontederæ antiquitatum latinarum græcarumque enarrationes. *Patavii*, 1740, in-4, vélin.

1050. Orbis antiqui monumentis suis illustrati primæ lineæ; iterum duxit Oberlinus. *Argentor.*, 1790, in-8, d.-rel.

1051. Rosini antiquitates romanæ, cum notis Dempsteri. *Traj. ad Rhenum*, 1701, in-4, v.

1052. Galliæ antiquitates quædam selectæ, atque in

plures epistolas distributæ. *Veronæ*, 1734, in-4, v. fauve.

1053. Bissianus. De rectà nominum impositione. *Lugd.*, 1602. = M. Curtius. De prandii ac cenæ modo libellus. *Romæ, apud Paulum Manutium*, 1566, etc.... 3 ouvrages en 1 vol. pet. in-8, vélin.

1054. J. C. Bulengeri liber de spoliis bellicis. = Onuphrii libri de ludis circensibus et de triumphis. *Parisiis*, 1601, pet. in-8, parch.

1055. J. C. Bulingeri de theatro ludisque scenicis libri duo. *Tricassibus*, 1603, pet. in-8, parch.

1056. De urbis ac Romani olim imperii splendore, autore J. B. Casalio. *Romæ*, 1650, in-fol., parch.

1057. De antiquis puerorum prænominibus, Josephi Castalionis commentarius. *Romæ*, 1594 ; et ejusdem variæ lectiones et opuscula. In-4, parch.

1058. P. Ciacconius. De Triclinio, sive de modo convivandi apud Romanos. — H. Mercurialis de accubitus in cœna. *Lipsiæ*, 1758, pet. in-12, v. fig.

1059. Oct. Ferrarii de re vestiariâ libri septem. *Patavii*, 1654, in-4, fig. parch. = Freheri de monetaria Romanorum libri duo. *Lugd.*, 1605, pet. in-4, parch.

1060. Ficoroni. La bolla d'Oro de' fanciulli nobili romani. *Roma*, 1732. — Ed. Corsini dissertationes agonisticæ. *Florentiæ*, 1747. — 2 ouvrages en 1 vol. in-4, v. fauve, tr. d.

1061. Monumentum, sive columbarium libertorum et servorum Liviæ Augustæ et Cæsarum, autore Ant. Gorio, notas adjecit Salvinius. *Florentiæ*, 1727, in-fol., vélin, 20 planches.

1062. Hygini Gromatici et Polybii de castris Romanis quæ exstant, gr. et lat. *Amstel.*, 1660, pet. in-4, parch.

1063. Gutberlethi liber de Saliis, Martis sacerdotibus, apud Romanos. *Franekeræ*, 1704. = Ejusdem dis-

sertatio de mysteriis Deorum Cabirorum. 1603. =
2 ouvr. en 1 vol. pet. in-8, d.-rel., fig.

1064. J. Gutherii de veteri jure pontificio urbis Romæ libri quatuor. = Ejusdem de jure manium. *Parisiis*, 1612-15, 2 part. en 1 vol. in-4, v.

1065. Pauli Jablonski pantheon Ægyptiorum, sive de Diis eorum commentarius. *Francof. ad Viadrum*, 1750, 3 vol. in-8, v. m.

1066. Franc. Junii de picturâ veterum libri tres, accedit catalogus artificum et operum quæ fecerunt. *Roterodami*, 1694, in-fol., vélin cordé.

1067. Liber singularis de bysso antiquorum quo ex Ægyptiâ linguâ, res vestiaria antiquorum explicatur. *Londini*, 1776, in-8, vélin.

1068. H. Magii liber de tintinnabulis. — Ejusdem de equuleo liber. *Amstelod.*, 1664, pet. in-12, v. br. fig. — Frid. Lampe de cymbalis veterum libri tres. *Traj. ad Rhenum*, 1703, pet. in-12, vélin, fig.

1069. Marci Meibomii de fabricâ triremium liber. *Amstel.*, 1671, pet. in-4, d.-rel. — Jo. Macarii abraxas. *Antuerp.*, 1657, in-4, v. fig.

1070. J. Meursius. Eleusinia. *L. Batav., Elzev.*, 1619. = De populis Atticæ, 1646. — De ludis Græcorum. 1622. — Exercitationes criticæ. 1599. — 4 vol. in-8, rel.

1071. Meursii Græcia feriata, sive de festis Græcorum libri VI. *Lugd. Batav., Elzevir*, 1619. — Ejusdem Eleusinia. 1619. — Panathenæa, 1619. — Phlegon Trallianus, gr. et lat., 1620. — Apollonius Dyscolus, gr. et lat., cum Meursii commentariis. *Lugd. Batav., Elzev.*, 1620. — 5 tomes en 1 vol. in-4, vélin.

1072. Caroli Paschalii coronæ. *Parisiis*, 1610, in-4, v. fauve. — Eustathii in hexhahemeron commentarius, gr. et lat., notas adjecit Leo Allatius. *Lugd.*, 1629, in-4, parch.

1073. Pignorius. De servis et eorum apud veteres ministeriis. *Augustæ-Vindel.*, 1613, in-4, parch.

1074. Gregorii Placentini liber de siglis veterum Græcorum. *Romæ*, 1757, in-4, v. fauve, fil.

1075. Jo. Rhodii dissertatio de acia. — De ponderibus et mensuris. *Hafniæ*, 1672. = Lipenii strenarum historia. *Lipsiæ*, 1670. — 3 ouvr. en 1 vol. pet. in-4, v. fig.

1076. Franc. Robortelli libri de vitâ et victu populi romani. *Bononiæ*, 1559, in-fol., v. fil.

1077. J. Ricquii de capitolio romano commentarius. *Lugd. Batav.*, 1696, in-12, v.

1078. Cl. Salmasius. — De mulierum comâ. *Elzev.*, 1644. — De Fœnore trapezitico, 1640. — De annis climactericis, 1648. — De usuris, 1638. — De modo usurarum, 1639. En tout 5 vol. pet. in-8, de diverses reliures.

1079. Cl. Salmasii epistola ad And. Colvium de cæsarie virorum et mulierum comâ. *Lugd. Batav.*, *Elzev.*, 1644, pet. in-8, vélin. — Ejusdem de annis climactericis et antiquâ astrologiâ diatribæ. *Lugd. Batav.*, *Elzev.*, 1648, pet. in-8, vélin.

1080. Jo. Schefferi de militiâ navali libri quatuor. *Upsaliæ*, 1654, pet. in-4, v. fig. — Ejusdem de re vehiculari veterum libri duo. *Francof.*, 1671, in-4, v.

1081. Sam. de Schmidt opuscula, quibus res antiquæ præcipue Ægyptiacæ explanantur. *Carlsruæ*, 1765, pet. in-8, d.-rel.

1082. Stuckii opera, continens antiquitatum convivialium libros tres et librum de sacrificiis gentilium. *Lugd.-Batav.*, 1695, 2 tomes en 1 vol. in-fol., v. br.

1083. Antonii Van Dale dissertationes de idolatriâ. *Amstel.*, 1696. = De oraculis. 1700. = De marmoribus. 1702. — 3 vol. pet. in-4, v. fig.

1084. Essai sur l'origine de l'écriture, sur son introduction dans la Grèce et son usage jusqu'au temps d'Homère, par Fortia d'Urban. *Paris*, 1832, in-8, v. fig.

1085. Lettres de Paciaudi au comte de Caylus. *Paris*, 1802, in-8, d.-rel., fig.

1086. Letronne. Examen critique sur la découverte du cœur de saint Louis. = Addition à l'Examen. = Leprévost, réponse à M. Letronne. = Deville, sur le cœur de saint Louis. = Berger de Xivrey. Sur la polémique relative au cœur de saint Louis. = 5 br. in-8.

1087. Letronne. La statue vocale de Memnon considérée dans ses rapports avec l'Egypte et la Grèce. *Paris, impr. R.*, 1833. = Récompense promise à qui ramènera des esclaves échappés d'Alexandrie. — 2 part. en 1 vol. in-4, d.-rel., fig.

1088. Vincent. Le rythme chez les anciens. — Sur le vers dochmiaque. — Musique des Grecs. — Sur le traité de saint Augustin, De Musicà. — Sur l'origine des Boies. 1843. — Sur la position géographique du Vicus Helena. 1840. — De Courson; sur la colonisation de la péninsule armoricaine. — Dartrey. Sur l'origine des peuples du Nord. — 8 broch. in-8.

1089. J. Winkelmanns geschichte der kunst des Alterthums. *Dresden*, 1764, 2 vol. — Anmerkungen über die Geschichte der Kunst. 1767, etc... En tout, 6 part. in-4, d.-rel.

1090. Die Staatshaushaltung der Athener, vier bucher von Aug. Boëckh. *Berlin*, 1817, 2 vol. in-8, d.-rel.

1091. Economie politique des Athéniens, trad. de Boeckh, par Laligant. *Paris*, 1828, 2 vol. in-8, br.

1092. Ueber die familie des Lycomedes, in der Preussischen antikensammlung, eine archæologische untersuchung, von Konrad Levezow. *Berlin*, 1804, in-fol., cartonné. 10 planches.

1093. Sull' uso cui erano destinati i monumenti Egeziani detti Scarabei, lettera del cav. G. di Quintino. *Torino*, 1825, broch. in-8, 1 pl.

1094. Dissertazioni, lettere ed altre operette di Ant. Lupi. *Faenza*, 1785, 2 tomes en 1 vol. in-4, br. en carton. fig.

1095. Historiæ rei nummariæ veteris scriptores, cum Rechenbergii bibliothecâ nummariâ. *Lips.*, 1692, 2 vol. pet. in-4, bas.

1096. Gronovii de sestertiis, seu subsecivorum pecuniæ veteris græcæ et romanæ libri IV. *Lugd.-Batav.*, 1691, pet. in-4, vélin.

1097. Henrici Noris annus et epochæ Syromacedonum, in vetustis urbium Syriæ nummis expositæ. *Florentiæ*, 1691, in-fol., bas.

1098. J. Scaligeri de re nummariâ dissertatio. *Raphelingii*, 1616. = Garrault. Des poids et mesures des monnaies anciennes et modernes. *Paris*, 1595, pet. in-8, v.

1099. Sperlingii dissertatio de nummis non cusis. *Amstel.*, 1700, pet. in-4, v. m.

1100. Discours sur les médailles antiques, par L. Savot. *Paris*, 1627, in-4, parch.

1101. De Saulcy. Essai de classification des monnaies autonomes de l'Espagne. *Metz*, 1840, in-8 br., 7 planches.

1102. Corpus inscriptionum græcarum, edidit Aug. Boeckhius. *Berol.*, 1828, gr. in-fol., d.-rel., *tome premier*.

1103. Inscriptiones antiquæ in Asiâ minori et Græciâ collectæ, edidit Ric. Chandler. *Oxonii*, 1774, in-fol., maroq. citron, planches.

1104. Antiquæ inscriptiones, quum græcæ, tum latinæ, olim à Marq. Gudio collectæ. *Leovardiæ*, 1731, in-fol., vélin.

1105. Inscriptiones antiquæ totius orbis Romani, in corpus redactæ à J. Grutero. *Ex officina Comme-*

liniana, 1602, 1 tome en 2 vol. in-fol., v. fauve.

1106. Inscriptionum antiquarum quæ passim per Europam, liber. Accessit auctarium à Justo Lipsio. *Lugd. Batav.*, 1688, in-fol., v. fauve, fil.

1107. Marmora felsinea, autore C. Malvasia. *Bononiæ*, 1690, in-fol., v. br., fig.

1108. Marmora Oxoniensia, recensuit Humphridus Prideaux. *Oxonii*, 1676, in-fol., v.

1109. Marmor sandvicense, cum commentario et notis Jo. Taylori. *Cantabr.*, 1743, in-4, d. v. vert, fig.

1110. Marmora Taurinensia, dissert. et notis illustrata. *Aug. Taurinorum*, 1743, 2 tomes en 1 vol. in-4, vélin cordé, fig.

1111. Epigrammata antiquæ urbis (collegit Jac. Mazochius). *Romæ*, 1521. — Inscriptiones sacrosanctæ vetustatis Romanæ. *Ingolstadii*, 1534, 2 ouvrages en 1 vol. in-fol., v. fauve.

1112. A. S. Mazochii commentarii in herculanensis musei æneas tabulas heracleenses. *Neapoli*, 1754-55, 2 part. en 1 vol. in-fol. cartonné, n. r. planches.

1113. Th. Reinesï syntagma inscriptionum ant... *Lipsiæ*, 1682, in-fol., v. br.

1114. Adr. Relandi dissertatio de inscriptione nummorum Samaritanorum. *Amstel.*, 1702, et autres pièces sur divers sujets dans le même volume. — Pet. in-8, vélin.

1115. Miscellanea eruditæ antiquitatis, in quibus marmora, statuæ et numismata referuntur et illustrantur, à Jac. Sponio. *Lugd.*, 1685, in-fol., v. fauve, fig.

1116. Siciliæ et abjacentium insularum veterum inscriptionum nova collectio, notis illustrata (à Castello, principe de Torremuzza). *Panormi*, 1769. in-fol., v. éc. fil., tr. d.

1117. Dissertation sur une inscription grecque relative aux finances des Athéniens, par Barthélemy. *Paris*, 1792, in-4, v. fig.

1118. Erklarung einer Ægyptischen urkunde auf papyrus in griechischer cursivschrift, von Aug. Boeckh. *Berlin*, 1821, in-4, br. 36 p. et une pl.

1119. De M. Séguier de Saint-Brisson : Observations sur deux inscriptions grecques découvertes récemment en Asie. — Examen critique des neuf livres de Sanchoniaton. — Dissertation sur l'authenticité des fragments de l'hist. phénicienne de Sanchoniaton. — Sur le fragment de Longin contenu dans la rhétorique d'Apsine. — La philosophie du langage, exposée d'après Aristote. — Sur un manuscrit grec de la Bibliothèque royale.— Mémoire sur Miltiade. 1841. — 7 dissertations in-8 et in-4, br.

1120. De Saulcy. Sur les inscriptions assyriennes de Ninive. *Paris*, 1850, in-8, br. 2 planches. = Eichoff. Etudes sur Ninive et Persépolis. *Lyon*, 1852, gr. in-8, br. = J. Lowenstern. Remarques sur la deuxième écriture cunéiforme de Persépolis. *Paris*, 1850, in-4, br. = L'abbé Barthélemy. Lettre au marquis Olivieri sur quelques monuments phéniciens. *Paris*, 1766, in-4 br., 4 planches.

HISTOIRE LITTÉRAIRE. — SOCIÉTÉS SAVANTES. — DIPLOMATIQUE.

1121. Dell' origine, progressi e stato attuale d'ogni letteratura, dell' abbate G. Andrès. *Parma*, 1782-99, 7 tomes en 6 vol. gr. in-4, vélin.

1122. Histoire de la littérature grecque profane, par Schoell. *Paris*, 1823, 8 vol. in-8, d.-rel.

1123. De scholâ quæ Alexandriæ floruit, commentatio historica et theologica, autore E. F. Guerike. *Halis-Saxonum*, 1824, 2 vol. in-8, d. v. fauve.

1124. Histoire de la littérature romaine, par Schoell. *Paris*, 1815, 4 vol. in-8, d.-rel.

1125. Histoire littéraire de la France. *Paris*, 1841-47. tomes XI et XVIII à XXI. 5 vol. in-4, rel. et br.

1126. Histoire littéraire d'Italie, par Ginguené. *Paris*, 1811-23, 10 vol. in-8, v. rac.

1127. Christoph. Saxii onomasticon litterarium. *Traj. ad Rh.*, 1775-90, 8 vol. in-8, d.-rel. = Ejusdem monogrammata historiæ Batavæ. 1784, in-8, d.-rel.

1128. Dan. Morhofii polyhistor litterarius, philosoph. et practicus. *Lubecæ*, 1747, 2 vol. in-4, vél. cordé.

1129. Rerum memorabilium jam olim deperditarum et contrà recens atque ingeniose inventarum, libri duo, à Guidone Pancirollo. *Ambergæ*, 1599, pet. in-8, vélin.

1130. Jac. Tollii epistolæ itinerariæ, curâ et studio P. Chr. Henninii. *Amstel.*, 1700, in-4, fig., vélin. = Ejusdem insignia itinerarii italici, quibus continentur antiquitates sacræ. *Traj. ad Rhenum*, 1698, in-4, v. br.

1131. Histoire de l'université, par Crévier. *Paris*, 1761, 7 vol. in-12, v. m.

1132. Notices et extraits des Mss. de la bibliothèque du Roi. *Paris, impr. Royale*, 1838-51. Tomes 13, 14 en 2 part.; 16, 2ᵉ partie, et 17, 2ᵉ part.— 5 vol. in-4, br. en carton.

1133. Journal des Savants. *Paris, impr. Royale*, années 1816 à 1822, 1825 à 1828, 1830 à 1841, 23 vol. in-4, d.-rel. — Plus juillet et août 1851, mai à déc. 1852, l'année 1853 complète et les 4 premiers mois de l'année 1854.

1134. Histoires et mémoires de l'académie des inscriptions et belles-lettres. *Paris, impr. Royale*, 1736-64, tomes 1 à 30, plus les tomes 37 et 38; en tout 32 vol. in-4, v.

1134 *bis*. Table des matières contenues dans les Mémoires de l'académie royale des inscriptions et belles-lettres, depuis le tome 45 jusques et y compris le tome 50. *Paris, impr. Royale*, 1843, in-4, d. v.

1135. Mémoires de l'académie des inscriptions. Tomes 10 à 19, moins la première partie du tome 18. *Paris, impr. Royale*, 1833-53, 10 tomes en 16 vol. in-4, br. en carton.

1136. Mémoires présentés par divers savants à l'académie des inscriptions. *Paris, impr. Royale*, 1843-49, 4 vol. in-4, br. en carton.

1137. Mémoires de l'académie des sciences. Tomes 12, 13 et 16. *Paris, Firmin Didot*, 1833-38, 3 vol. in-4, br. en carton.

1138. Mémoires présentés par divers savants à l'académie des sciences = sciences mathématiques et physiques = Tomes 4, 5 et 6. *Paris, Bachelier*, 1833-35, 3 vol. in-4, br. en carton.

1139. Mémoires de l'académie des sciences morales. Tome 2. 2ᵉ série. *Paris, F. Didot*, 1839, in-4, br. en carton.

1140. Recueil des discours lus à l'acad. française. 1830-39, in-4, br.

1141. Mémoires de la société des antiquaires de la Normandie, années 1824 à 1828. *Caën*, 1825-28, 5 vol. in-8, br. = Mémoires de l'acad. des sciences, arts et belles-lettres de Caën. 1825-27, 1840, 1845 et 1849, 6 vol. in-8, br., plus 3 vol. de rapports.

1142. Mémoires de la société des sciences, lettres et arts de Nancy. 1840, 1847 et 1848, 3 vol. in-8, br. — Précis des travaux de l'acad. de Nancy. 1813-18, 6 broch. in-8. — Académie des sciences, arts et belles-lettres de Dijon. Années 1821-23-25-26-27-33-41 et 1842, 8 vol. in-8, br.

1143. Mémoires de la société linnéenne du Calvados et de Normandie. *Caën et Paris*, 1824-25-27 et 28, 5 vol. in-8, br., fig. — Statistique de l'arrondissement de Falaise. 1826, 6 cahiers in-8. = Revue normande, par M. de Caumont. *Caën*, 1833, 2 broch. in-8.

1144. Palæographia græca, sive de ortu et progressu litterarum græcarum, autore Bern. de Montfaucon. *Parisiis, Guérin*, 1708, in-fol., v. fig.

1145. Gr. Placentini epitome græcæ palæographiæ, et de rectâ græci sermonis pronuntiatione. *Romæ*, 1735, in-4, fig. bas.

1146. Diplomata, chartæ, leges, aliaque instrumenta ad res gallo-francicas spectantia; edidit Pardessus. Tomus prius. *Lutetiæ Parisiorum*, 1843, gr. in-fol., d.-rel., v.

1147. Table chronologique des diplomes et chartes concernant l'histoire de France, par M. Pardessus. Tome V. *Paris*, 1846, gr. in-fol., v. br.

1148. Chartes et manuscrits latins sur papyrus, français et en langue romane méridionale, publiés par l'École des Chartes. *Paris*, 1840, 4 fasc. gr. in-fol., br.

BIOGRAPHIE.

1149. Dictionnaire historique pour servir de continuation au Dictionnaire de Bayle, par G. de Chaufepié. *Amst.*, 1750-56, 4 vol. gr. in-fol., bas.

1150. Plutarchi vitæ parallelæ, gr. edente D. Coray. *Parisiis, Eberhart*, 1809-15, 6 vol. in-8, fig. v. rac. fil.

1151. Diogenis Laërtii de vitis philosophorum libri decem, gr. et lat.; cum Menagii et aliorum notis. *Amstelod.*, 1692, 2 vol. in-4, v.

1152. Ig. Rossii commentationes Laërtianæ. *Romæ*, 1788, gr. in-8, br.

1153. Cornelii Nepotis vitæ excellentium imperatorum, cum notis variorum, suas notas addidit Van Staveren. *Lugd. Batav.*, 1773, in-8, vélin.

1154. Cornelius Nepos, cum commentariis, curante Descuret. *Parisiis, Lemaire*, 1820, in-8, br. fig.
Avec notes manuscrites de M. Séguier.

1155. H. Meibomii Mæcenas, sive de Mæcenatis vitâ, moribus et rebus gestis. *Lugd. Batav.*, 1653, pet. in-4, cart.

1156. Lud. Valckenaerii diatribe de Aristobulo Judæo, philosopho peripatetico alexandrino, edidit Luzac. *Lugd. Batav.*, 1806, in-4, d. mar. r.

1157. Icones, id est : veræ imagines virorum doctrina simul et pietate illustrium, autore Theod. Beza. *Genevæ*, 1580, in-4, parch. *portraits et figures sur bois.*

1158. Vitæ quorumdam eruditiss. et illustrium virorum, autore Th. Smitho. *Londini*, 1707, pet. in-4, cart. n. r.

1159. Petri Bellorii veterum illustrium philos., poëtarum et oratorum imagines. *Romæ*, 1739, in-fol., d.-rel., n. r. fig.

1160. Opuscula varia : Ruhnkenius, elogium Hemsterhusii, 1789. == Schultens. Observationes in loca veterum quæ sunt de vindictâ divinâ. *Lugd. Batav.*, 1793, et autres pièces contenues en 1 vol. in-8, v. rac.

1161. Histoire de Boèce (par dom Gervaise). *Paris*, 1715, in-12, v.

1162. La vie et l'esprit de saint Charles Borromée, archevêque de Milan, par le P. Touron. *Paris*, 1761, 3 vol. in-12, v.

1163. Histoire du cardinal de Ximenès, par Fléchier. *Paris*, 1693, in-4, v.
Portrait par Edelinck.

1164. La vie d'Edmond Richer, docteur de Sorbonne, par Ad. Baillet. *Liège*, 1714, in-12, v. fauve.

1165. Vie de Nic. Claude Peiresc, conseiller au parlement de Provence, par Requier. *Paris*, 1770, in-12, bas.

1166. Vie de Becquey, ministre d'État, par M. Beugnot. *Paris*, 1852, in-8, br.

BIBLIOGRAPHIE.

1167. Librorum quos legit Photius excerpta et censuræ, gr., edidit D. Hœschelius. *Augustæ-Vindel.*, 1601, in-fol., v. fil. *première édition*. — Photii bibliotheca, è græco in latinum transtulit And. Schottus. *Aug. Vindel.*, 1606, in-fol., v. br.

1168. Photii bibliotheca, gr., ex recensione Im. Bekkeri. *Berolini*, 1824, 2 tomes en 1 vol. in-4, d. v. ant. *Thouvenin*.

1169. Jo. Alb. Fabricii bibliotheca græca, curante Christophoro Harles. *Hamburgi*, 1790-1809, 12 vol. in-4, d.-rel.

1170. Fabricii bibliotheca mediæ et infimæ ætatis. *Hamburgi*, 1734-46, 6 vol. pet. in-8, vélin.

1171. Scriptorum ecclesiasticorum historia litteraria, a Christo nato usque ad sæculum XIV, facili methodo digesta; autore Guilielmo Cave. Editio novissima. *Pxonii*, 1740-43, 2 vol. in-fol., v. m.

1172. Jugements des savants sur les principaux ouvrages des auteurs, par Ad. Baillet. *Paris*, 1722, 7 vol. in-4, v.

1173. Justi Lipsii de bibliothecis syntagma. *Antuerpiæ*, 1602. == Compendium de multiplici Parisiensis universitatis magnificentia, dignitate et excellentia. *Parisiis*, T. Denis, 1517, 20 feuillets goth. et autres pièces en 1 vol. in-4, d.-rel.

1174. Latini Latinii bibliotheca sacra et profana. *Romæ*, 1676, in-fol., v. br.

1175. Bibliotheca librorum novorum collecta a Neocoro. *Amstelod.*, 1700, 5 tomes en 6 vol. pet. in-8, v. fauve.

1186. Bibliotheca Coisliniana, olim Segueriana, sive manuscriptorum græcorum, quæ in ea continentur, accurata descriptio; studio et opera Bernardi de Montfaucon. *Parisiis*, 1715, in-fol., bas.

1177. Bibliotheca bibliothecarum manuscriptorum nova, autore B. de Montfaucon. *Parisiis*, 1739, 2 vol. in-fol., v. m.

1178. Catalogue des Mss. de la bibliothèque du chancelier Séguier. *Paris*, 1686, in-12, v.

1179. Catalogus librorum et manuscr. bibliothecæ universitatis Lugduno-Batavæ. *Leydæ*, 1716, in-fol., bas.

1180. Manuscrits de la bibliothèque d'Orléans, par Septier. *Orléans*, 1820, in-8, br.

1181. Vincentii Placcii theatrum anonymorum et pseudonymorum; accedit vita autoris, scriptore Alb. Fabricio. *Hamburgi*, 1708, in-fol., v.

1182. Hoffmann. Lexicon Bibliographicum; sive Index editionum scriptorum Græcorum tum sacrorum tum profanorum. *Lipsiæ*, 1832-36, 3 tomes en 5 liv. in-8, br.

1183. Handbuch der classischen blibliographie, von L. A. Schweiger. *Leipzig*, 1830-34, 3 vol. in-8, d.-rel.

1184. Répertoire de littérature ancienne, ou choix d'auteurs classiques grecs et latins imprimés en France et en Allemagne, par Fréd. Schœll. *Paris*, 1808, 2 tomes en 1 vol. in-8, d.-rel., v.

1185. Degli autori classici sacri profani bibliotheca portatile dall' Ab. Mauro Boni e da Bartol. Gamba. *Venezia*, 1793, 2 part. en 4 vol. in-12, v. intercalés de papier blanc.

1186. Traité du choix des livres, par Peignot. *Paris*, 1817, in-8, br.

1187. Mélanges littéraires, philol. et bibliogr., par G. Peignot. *Paris*, 1818, in-8, br.

EXTRAITS HISTORIQUES.

1188. Æliani varia historia, gr. et lat., cum notis diversorum, curante Gronovio. *Lugd. Batav.*, 1731, 2 tomes en 1 vol. in-4, vélin cordé.

1189. Æliani historiæ variæ, Heraclides et Nicolaus Damascenus, gr. edidit Coray. *Parisiis, Didot*, 1805, in-8, bas.

1190. Nicolai Damasceni historiarum excerpta et fragmenta quæ supersunt, gr. ; edidit, versionem latinam notasque adjecit Orellius. *Lipsiæ*, 1804, in-8, cart. n. r.

1191. Valerius Maximus, recensuit et notis illustravit C. B. Hase. *Parisiis, Lemaire*, 1822, 3 vol. in-8, br.

PARIS. — J. CLAYE, IMPRIMEUR-LIBRAIRE, RUE SAINT-BENOIT, 7.

— PARIS —
IMPRIMERIE DE J. CLAYE
RUE SAINT-BENOÎT, 7

www.ingramcontent.com/pod-product-compliance
Lightning Source LLC
Chambersburg PA
CBHW070525100426
42743CB00010B/1948